REGENERATIV

PÅ SPORET AF DET UFORGLEMMELIGE, BIND 2

En teoretisk øvelsesbog

Kim Gørtz

FSC
www.fsc.org
MIX
Papir fra
ansvarlige kilder
Paper from
responsible sources
FSC® C105338

KIM GØRTZ

REGENERATIV

PÅ SPORET AF DET UFORGLEMMELIGE, BIND 2

EN TEORETISK ØVELSESBOG

2024

SAGARO REC & PUB

ISBN: 978-87-4305-953-0

Forlag: BoD · Books on Demand GmbH, In de Tarpen 42, 22848 Norderstedt, Tyskland

Tryk: Libri Plureos GmbH, Friedensallee 273, 22763 Hamborg, Tyskland

Forord

Nogle vil formentlig glæde sig over, at Hardt & Negri fik ret i deres globale samfundsdiagnose for omtrent over 20 år siden, andre vil formentlig begræde det, når de fx taler om at verden er polariseret, at kapitalismen og liberalismen har sejret, og at det globale netværkssamfund, verdensmarkedet, udøver sin magt over arbejdskraften, som et kontrolsamfund, hvor den (eller nogle) enkelte har langt flere muligheder for selvudfoldelse, og at kontrollen udøves af os selv og de netværk, vi indgår i, kort sagt; at medierne gør os til effektive og fleksible producenter, hvorved vores fantasier, drømme og lidenskaber bliver stadig mere ensartet og kontrollerbare.[1]

Men der er, som de skriver, end stræben efter alternative veje, revolutionære begivenheder, som kan ændre verdens ansigt og grundlag; og et modstandspotentiale har fundet sin vej gennem 'den regenerative bevægelse', hvor natur og kultur, liv, kraft, økosystemer for alvor er kommet på dagsordenen, som rammer både landbrug, skovbrug, arkitektur, ledelse, samfund og økonomi, og hvor menneskets "død" (eller i det mindste tilsidesættelse heraf), bliver vigtigtigere og vigtigere (i det mindste for nogle), og hvor verdensmarkedets ideologi stadig består i forskel og mulighed med mobile og fleksible samt hybride netværk.

I takt med intensiveringen af dette, ser bøger og artikler om 'det regenerative' dagens lys igen og igen (jf. mine bemærkninger i bind 1 herom), og specielt i forbindelse med dette bind 2 skal nævnes Klaus Bakdals bog: "Den regenerative organisation" og antologien: "Regenerative perspektiver på ledelse", som begge på hver deres måde mere eller mindre kritisk søger, at overføre regenerative principper til arbejdslivet, specielt med fokus på ledelse og organisatorisk praksis, m.m.

Jeg selv har forsøgt noget tilsvarende i "Regenerativ. På sporet af det umistelige. En introducerende øvelsesbog" – og sigter i nærværende bind 2 på noget lignende, dog med 'det teoretiske aspekt' som grundlag for øvelserne.

---

[1] Hele dette perspektiv skal man ikke lede længe efter for at finde hos fx de prominente folk involveret i Frankfurterskolen, som Marcuse, Adorno og Horkheimer samt Fromm, m.fl. (hvor også Habermas, Honneth og Rosa selvsagt stemmer i). Og hvad angår denne kulturkritiske skole og tænkning med fokus på bl.a. 'naturbeherskelsen', som trækker aner tilbage til bl.a. Nietzsche, vil man også kunne finde lignende former for filosofiske informeret kultur- og teknik-kritik hos intet mindre end Heidegger, Foucault, Deleuze og Guattari samt ikke så få andre inden for den franske intellektuelle elite i efterkrigstiden.

Indholdsfortegnelse

Introduktion

De tre økologier

Den regenerative filosofis manifest

I denne introduktion vil jeg fremstille en række hovedpointer fra den franske psykoanalytiker og filosof; Félix Guattari (1930-1992), som formentlig er mest kendt for hans mangeårige samarbejde og venskab med den franske filosof; Gilles Deleuze (1925-1995), der sammen fik fostret 4 bøger, men som i sig selv også har leveret et ganske interessant og meget fascinerende forfatterskab. Jeg vil nærmere bestemt invitere læseren ind i hans udgivelse fra 1989, der i den danske oversættelse (2019) hedder: "De tre økologier"; der kan tjene som den regenerative filosofis manifest.

I oversættelsens efterord nævner Anders Abildgaard bl.a. at der findes en mental-, en social-, og en miljø-økologi, som vedrører den menneskelige subjektivitet, de sociale relationer og biosfæren – og alle forholdene derimellem.

Fx; ligesom at der er en krise i miljøøkologien, er der en krise i den mentale økologi (det ydre og det indre) – grundlæggende set;

"... en krise i, hvordan subjektivitet bliver produceret" – hvorved man således; *"... ikke kan skille natur og kultur."* (s. 89, 2019)

Hvad tænker du om det?

Skriv lidt ned i stikord:

____

____

____

Nogle af de hovedpointer som Abildgaard sætter frem er fx at miljøøkologien er blevet en *maskinel økologi*, og at naturen skal genopfindes, hvorved man skal dyrke det, der *ikke* kan kontrolleres (*dissensen*) samt vigtigheden af specifikt fem erfaringer (jf. s. 91-94):

1. At gøre noget nyt
2. At lade alt komme frem
3. At lytte efter resonansen
4. At gøre sig fri af klicheer
5. At ændringer skal ske i alle tre økologier.

Hvad angår bogens andet efterord (af Peter Borum) benævnes de tre økologier, som;

1) en omverdensøkologi
2) en samfundsøkologi
3) en sindets (eller begærets) økologi

… og at disse tre økologier har en gensidig sam- og/eller misklang, hvor 'sindets økologi' bl.a. vedrører de af Guattari benævnte *eksistentielle omkvæd* og *eksistentielle territorier* – hvoraf de sidstnævnte er de rum, der bliver meningsfulde på baggrund af de gentagne meningsgivende praksisser (dvs. via omkvædene).

Hvad tænker du om det?

Skriv lidt ned i stikord:

____

____

____

En væsentlig pointe er her, at mennesker er afhængige af de tankeprogrammer og 'maskinelle sammenpasninger', som aktiverer og sætter i gang, og hvorom det gælder, som Borum skriver, at:

"Hvis vi ikke kan holde samfund, miljø og begær sammen i en praksis og i en analyse … så kommer vi til at gå fejl af, hvilke maskiner der virker i de andre dimensioner, og altså bag om ryggen på os, imens vi koncentrerer os om miljøet, om subjektet eller om samfundet." (s. 105-106, 2019)

Der er således lagt op til at kapitalismens livsprægning truer den biologiske omverden som eksistensgrundlag for menneskeheden, dvs. at den kulturelle og den sociale omverden trues;

"... (kapitalismen truer) ethvert eksistentielt menneskeligt territorium, som den ikke selv har etableret et herredømme over, dvs. som den ikke selv former med henblik på en kalkulérbar profit og på en menneskelig accept af denne formning." (s. 107, 2019)

Kapitalismens herredømme udvirker med andre ord en standardisering og homogenisering, eller snarere kan man sige, at den konstante løsrivelse og meningstømning, der bestandigt omsættes til vareliggørelse, udtrykker et liv i stadige overskridende nyformninger, en fortsat forandring, en fortsat nyskabelse;

"... så fordrer mulighedsfeltets opretholdelse, at de aflejrede eksisterende livsformer og biotoper ikke nedbrydes, som det sker lige nu." (s. 111, 2019)

Hvad tænker du om det?

Skriv lidt ned i stikord:

____

____

____

Der må, som Borum fastslår det, opretholdes en økologi for aflejringens reproduktion, hvor fx jordbrugsbegæret kobles til permakultur og skovlandbrug (som eksistentielle territorier) og fødevarebegæret kobles til nye eksistentielle omkvæd; ellers glider vi helt ud (i en såkaldt "eksistentiel implosion") – og: *"Det er ikke sikkert at vi klarer den."* (s. 113, 2019)

I bogens tredje og sidste efterord: "Maskinel Animisme" er Angela Melitopoulos & Maurizio Lazzarato inde på interessen hos Guattari efter at ophæve forskellen mellem natur/kultur samt hans søgen efter en ny definition af 'subjektivitet', som kan undslippe kapitalistisk virksomhed.

Her kredser de bl.a. om materien som værende gennemtrængt af sjælen, om den animistiske sensibilitet, om en universel vitalisme, "et globalt åndedræt" – og ikke mindst; "den vilde(s) tænkning", hvor sproget sprænges, fordi talens funktion er eksistentiel:

"Hele den vestlige idéhistorie har været besat af at definere, hvad der var naturligt, og hvad der ikke var, helt til det punkt hvor man forudsatte, at hvis der ikke fandtes talesprog, måtte det nødvendigvis være at betragte som dyrisk." (s. 131, 2019)

Endvidere skriver de:

*"Guattari var særligt opmærksom på alle former for subjektivitetsproduktioner, der **regenererer** (min fremhævelse) sig selv gennem ikke-vestlige traditioner, da den primære produktion i samtidens kapitalisme er produktionen af subjektivitet og den krise vi har oplevet i de sidste fyrre år."* (s. 137, 2019)

Spørgsmålet om, hvad det levende udgøres af, menneskets modstilling over for den uberørte natur, indsnævrer, som de skriver det, vores tankegang en hel del:

"Den er stadig vores paradigme, da vi fortsætter med at fantasere om naturlige folkeslag, naturlige miljøer og bevaring af naturen." (s. 143, 2019)

Det gælder med andre ord om at udstyre miljøspørgsmålet med nye former for kulturelle mekanismer, fastslår forfatterparret, dvs. at naturens økologi medtænkes med sindets og det sociales økologier.

Som slutning konstaterer de:

"Det er således nødvendigt at opdatere en kosmisk tænkning, hvor 'sjæl' og 'maskine' eksisterer overalt på samme tid – i det uendeligt lille som i det uendeligt store. Guattaris tre økologier … genintroducerer os til de betingelser, der muliggør en kosmisk tænkning og politik." (s. 143-144, 2019)

Hvad tænker du om det?

Skriv lidt ned i stikord:

____

____

____

Kigger vi nærmere ind i selve teksten (af Guattari, s. 13-81) "støder" man allerede på side 11 på et indgangscitat af Gregory Bateson (1904-1980), som lyder:

"Der findes en økologi for skadelige ideer, ligesom der findes en økologi for ukrudtsplanter."

Vi lader det stå for sig selv.

Hvad tænker du om det?

Skriv lidt ned i stikord:

____

____

____

I bogens knapt 70 sider (uden afsnit eller kapitelinddelinger) møder man hurtigt (og gennemgående) reaktionen på den kontante erfaring af en økologisk ubalance, som "truer den fortsatte beboelse af jordens overflade." *Der sættes over styr*, som, ifølge Guattari, er et udtryk for og en konsekvens af en "regressiv infantilisering", og at "Andetheden er på vej til at miste sin kant".

Ud over sproglighedens særlighed, står det klart, at "det drejer sig om, hvordan vi fremover skal leve på planeten i lyset af de accelererende teknisk-videnskabelige mutationer", hvilket, ifølge Guattari, vil ske gennem hans såkaldte; *"økosofi* – som er en etisk-politisk artikulering mellem de tre økologiske registre (miljøets, de sociale relationer og den menneskelige subjektivitet)".

Guattari skriver:

"Det eneste sande svar på den økologiske krise må findes på global skala og forudsætter, at der iværksættes en autentisk politisk, social og kulturel revolution, der omformulerer målsætningerne for produktionen af materielle og immaterielle aktiver." (s. 15, 2019)

Det drejer sig nærmere bestemt om revolutionær sensibilitet, intelligens og begær (på det såkaldte molekylære plan), og ikke udelukkende om de "synlige magtstrukturer", som følge af, at:

"Den langsigtede etablering af enorme zoner af elendighed, hungersnød og død fra nu af synes at udgøre et fast element i den Integrerede Globale Kapitalismes monstrøse 'stimulerings-system'". (s. 19, 2019)

Hvad tænker du om det?

Skriv lidt ned i stikord:

____

____

____

Hvor den sociale økosofi, ifølge Guattari, skal forandre eksistentielle mutationer og genoprette et minimum af eksistentielle territorier, så skal den mentale økosofi;

"... bane vejen for en genopfindelse af subjektets relation til kroppen, til fantasmet, til tiden der går, til livets og dødens 'mysterier'. Den skal foranledige os til at søge efter en modgift mod massemediernes og informationsteknologiens ensretning, modens konformisme, reklamernes manipulation af meningsdannelsen, meningsmålinger, etc." (s. 26, 2019)

Det skal med andre ord, ifølge Guattari, være en treleddet økologisk genopretning, som skaber nye paradigmer, der er etisk-æstetisk inspirerede, og som *generer, regenererer og frisætter* eksistentielle spændinger og maskinelle tilblivelser, med et engagement, der skaber nye mulige afsæt for den sociale økologi, den mentale økologi og miljø-økologien; som er økosofiens etisk-æstetiske paraply. (s. 26-35, 2019)

Guattari sporer en gradvis svækkelse af menneskers forhold til det sociale, til psyken og til 'naturen', en dulmet og dulmende passivitet, som kræver en genopbygning af (nye) mål og metoder:

"Naturen kan i dag mindre end nogensinde adskilles fra kulturen, og vi bliver nødt til at vænne os til at tænke samspillet mellem økosystemer, mekanosfære og de sociale og individuelle referencesfærer transversalt." (s. 38, 2019)

Hvad tænker du om det?

Skriv lidt ned i stikord:

____

____

____

Alle de *degenererede udsigelser* (Guattaris udtryk), betydningsfelter og intensitetslogik kræver reaktiveringen af tilblivelsesprocesser, der, som eksistentielle spor, udgør processuelle flugtlinjer, skriver han, og fortsætter med at fastslå at en forsigtig løsrivelse (en såkaldt deterritorialisering) udgør kernen i de tre økologiske praksisser, fx i form af nye kreative gentagelser, anderledes eksistentielle begivenheder og betydningsdannende refræner; en re-genererende øko-logik, der skaber nye eksistentielle spændinger og magtcentre, som producerer nye tegn og semiotiske regimer – også på det ledelsesmæssige niveau (s. 39-47, 2019).

Med andre ord skal den nye *øko-logiske* praksis, som Guattari foreslår, styrke det immaterielle værdisystem via produktive *assemblager* i form af:

1) Viden
2) Kultur
3) Sensibilitet
4) Sociabilitet

… fordi: *"Den kapitalistiske subjektivitet arbejder på at skaffe sig magt over så stort et antal eksistentielle refræner som muligt ved at kontrollere og neutralisere dem, og således beruser og bedøver den sig i den kollektive følelse af pseudo-evighed."* (s. 51, 2019)

Hvad tænker du om det?

Skriv lidt ned i stikord:

____

____

____

Denne nye økosofiske logik skal overskride det vanlige, arbejde for menneskeheden via undtagelsen, sjældenheden, hvor det således er vigtigt at erindre sig at økologiens konnotationer ikke længere lader sig begrænse sig til billedet af en lille minoritet af naturelskere eller kvalificerede specialister. Der skal, som Guattari formulerer det, nye økologiske operatører til, med nye økosofiske udsigelses-*assemblager*. (s. 55, 2019)

De tre økologiske linsers filosofi (samfundet/det sociale, individet/det mentale og verden/det globale miljø) skal hermed re-generere betydningsbrud gennem aktivering af (nye) begreber, der tillader teoretisk og praktisk selvoplæring med æstetisk, etisk og eksistentiel effektivitet, grundlæggende set; *"… en omfattende genopbygning af det sociale maskineri…"* (s. 64, 2019)

Det vil være/blive, som Guattari anslår det i 1989, en kommende affektiv og pragmatisk investering i menneskelige grupper, som i form af en "gruppe-eros" vil generobre medierne (og dermed udfordre den medieskabte fremmedgørelse, s. 68, 2019) samt omvælte "maskiniseringen af tiden" på vejen til regenereringen af nye værdisystemer (i form af fx den sociale 'rentabilitet' og æstetiske værdier, etc.).

"Naturens balance vil i stigende grad afhænge af menneskelig indgriben. Der kommer en tid, hvor det bliver nødvendigt at iværksætte omfattende programmer for at regulere forholdet mellem ilt, ozon og kuldioxid i jordens atmosfære. Vi kunne lige så godt omdøbe miljø-økologien til den maskinelle økologi, eftersom kosmos og de menneskelige praksisser aldrig har handlet om andet end maskiner, om krigsmaskiner vil jeg ligefrem sige. 'Naturen' har til alle tider været i krig med livet!" (s. 76, 2019)

Hvad tænker du om det?

Skriv lidt ned i stikord:

____

____

____

Det bliver en *resingulariseringsøkologi med molekylære revolutioner*
(typiske Guattari-udtryk, s. 74) med henblik på fremmelse af eksistentielle
og begærsmæssige værdier, genoprettelsen af Amazonas lunge,
genopblomstringen af en økosofisk etik og politik samt nye fortællinger om
den permanente genskabelse af verden (s. 77, 2019).

Guattari peger således på at den fortællendes eget liv skal *re-generere* en
praktisk og spekulativ mangefacetteret bevægelse, som indfører instanser,
der radikalt genopretter genopfindelser af den enkelte, det sociale og de
globale miljøer via *transversale* redskaber og kreativ autonomi med henblik
på at genopbygge menneskehedens tillid til sig selv og modvirke
"gråvejrstemningen" – og den gennemtrængende passivitet.

*"Frem for i al evighed at lade os fastholde i de økonomiske 'udfordringers'
forlokkende effektivitet, må vi generobre værdi-universerne, for det er
inden for dem, singulariseringsprocesserne igen vil kunne finde
sammenhæng."* (s. 79-80, 2019)

Hvad tænker du om budskaberne i denne introduktion?

Skriv lidt ned i stikord:

____

____

____

____

____

____

____

____

____

____

DEL 1

Den regenerative natur- og livsfilosofi

På sporet af en regenerativ sensibilitet og eksistenshumanisme

Stoisk tankepraksis og livsførelse

Med filosofisk visdom og dyb inspiration fra Seneca gør du godt i;

*"... at prøve, at huske hvornår du stod fast på dine beslutninger, hvor
mange dage der gik som du havde foresat dig, hvor tit du har kunnet råde
over dig selv, hvor tit din mine var uforstyrret, din sjæl uforfærdet, hvad du
har udrettet i så langt et liv, hvor mange mennesker der har gjort indhug i
dit liv uden at du lagde mærke til hvad du mistede, hvor megen grundløs
ærgrelse, tåbelig overgivenhed, umættelig begærlighed, tom
selskabelighed har krævet, hvor lidt af dit eget der er tilbage – så vil du
forstå at du dør umoden."*

("Om livets korthed", s. 22)

Hvad tænker du om det?

Skriv lidt stikord ned her:

____

____

____

*Ja, det ædle her i livet består slet og ret i at leve op til sine forpligtelser, det
usle i at forsømme dem.*

Så hvordan skal vi leve vort liv?

Det er der efterhånden en del bud på, og specielt fra den antikke filosofi
lyder flere stemmer – også for tiden.

Jeg vil derfor gerne begynde med en noget afdæmpet tale i en form for
optakt til en stille type diskussion.

Vi vil forlade Akademiet og den peripatetiske filosofi dvs. både Platon og
Aristoteles, og kigge gennem stoiske briller på forpligtelserne som de mest

betydningsfulde i det regenerative liv og lederskab, og hermed åbne for forskellene mellem det ædle liv og det usle liv;

hvad vil det sige at være ædel i sit liv og lederskab?

Og hvad vil det sige at være ussel; en ædel opførelse og adfærd, en ussel opførelse og adfærd; hvordan ser det ud – hvordan kommer det til udtryk?

En usling – en forædling.

Hvad er mon mest nyttigt?

Skriv lidt stikord ned her:

____

____

____

Som filosof har jeg en særlig stærk kærlighed for sprog- og livsfællesskaber, og den omsorg, der driver os mennesker, og som gør os handlekraftige, er det sande, enkle og oprigtige liv.

Dertil hører (og følger) lykkelige, velfungerende mennesker, en god fornemmelse for orden, en bevarelse af skønhedens ansigt – og ikke mindst en forunderlig affære med visdommen.

Det var kort om mig.

Hvad med dig?

Skriv lidt stikord ned her:

____

____

____

Som Cicero siger:

"Alt det ædle udspringer af en af de fire dele:

1. *Indsigten og fortroligheden med det sande*
2. *Omsorgen for det menneskelige fællesskab, evnen til at give enhver sit og respekten for det, man har aftalt*
3. *Det ophøjede og uovervindelige sinds styrke og storhed*
4. *Den orden og måde, der kendetegner alt, hvad man siger og gør, og som er indbegrebet af mådehold og selvbeherskelse."* (2022, s.47)

Hvad tænker du om det?

Skriv lidt stikord ned her:

____

____

____

Lad os i det følgende betragte disse fire dele lidt nærmere, og se hvordan det går hermed i livet og i lederskabet, og betænke hvordan det kan komme til at gå hermed i den kommende regenerative fremtid.

1. Hvordan går det fx med klogskaben; hvad vil det sige at være eller blive klog – som menneske, som leder; hvad er et klogt lederskab?
2. Hvordan går det med at bevare menneskenes fællesskab og forbundethed i ens liv og lederskab?
3. Hvordan skinner sjælens styrke og fortræffelighed igennem os, som vi lever og via det regenerative lederskab?
4. Og hvordan går det med orden, standhaftigheden og mådeholdet i hver vores liv, i fællesskabets liv – og i lederskabets liv?

Skriv lidt stikord ned her:

____

____

____

Erkendelsen og udforskningen af sandheden er ædelt og værd at undersøge i sit liv, i sit lederskab, fx gennem pauserne, hvor tankevirksomheden, der jo aldrig holder hvil, kan holde liv i vores "forskertrang" i de små rum til fordybelse.

Dyrke retfærdigheden og livsfællesskabet, hjælpsomheden, venligheden og gavmildheden, grundlaget for, at vi kalder nogle mennesker gode, hvor vi lader naturen råde os til at opretholde menneskenes indbyrdes fællesskab.

Denne fællesskabsfølelse, hvor vi ikke skader andre og tjener den fælles interesse, velviljen, at gengælde en tjeneste, samhørigheden, kærligheden; hvordan går det med denne del i dit liv, vores liv – i lederskabets liv?

Det kræver øvelse og træning.

Skriv lidt stikord ned her:

____

____

____

Dyrke karakterstyrke, mod og selvrespekt; det stolte sind, der bekæmper uretten, det robuste sind og standhaftigheden, hvori sjælens ro og sikkerhed samt ikke mindst værdigheden bevares og opretholdes.

At leve et betydningsfuldt liv uden grundløse bekymringer eller mentale udsving, i fred og ro; overvej lige hvor ædelt det er som leder – og menneske.

Dyrke anstændigheden, livsførelsens pryd; sansen for det rette mål i alting, hvor den kloge tanke og tale – omtanken – åbenlyst er det passende med et frit og uforceret skær.

Når vi lader vores impulser lede af fornuften bliver sjælen rolig, og samtidig skærpes opmærksomheden og omhyggeligheden. Hvordan ser det ud i dit liv? Et glimt af noget begavet – og endog noget smagfuldt?

Skriv lidt stikord ned her:

____

____

____

Cicero siger:

"Menneskets sind næres ved at tænke og lære, og det er altid i færd med at undersøge eller gøre noget og lader sig lede af fornøjelsen ved at se og høre." (2022, s.71)

Hvad tænker du om det?

Skriv lidt stikord ned her:

____

____

____

Lederskabets ene karakter er fælles og fornuftig, hvorfra det passende og ædle kan udledes, den anden karakter i lederskabet er den individuelle, knyttet til vores eget særpræg. Vi må hver især overveje, hvad vi har af særlige træk (2022, s.73), kende sin begavelse, så vi kan bruge vores kræfter på de ting, vi er bedst egnede til.

Vi må vælge vores rolle både i livet og i lederskabet. Dernæst, når vi leder efter det passende, skal vi beslutte os for, hvem og hvordan vi vil være, og hvilket slags liv vi ønsker os.

Hvilken vej vil vi slå ind på her i livet – lystens eller dydens? (2022, s.75)

Skriv lidt stikord ned her:

____

____

____

Det gælder om at lede efter det, der er passende at gøre i en given situation, og samtidig stå ved os selv hele livet, og har man valgt en forkert type liv, må man ændre sin væremåde og sine leveregler.

Når det så gælder om at prioritere i sine forpligtelser, som man udleder fra ædelmodighedens helhed, dvs. de fire aspekter; 1) erkendelse, 2) fællesskab, 3) karakterstyrke, 4) mådehold (jf. ovenstående), viser det sig, at de forpligtelser, der udspringer af samfundet, ligger dybere i vores natur end de, der udspringer af erkendelsen. (2022, s.77)

Hvad tænker du om det?

Skriv lidt stikord ned her:

____

____

____

Menneskehedens fællesskab rangerer over erkendelsen, dvs. samhørigheden over videbegæret:

"… alle forpligtelser, der kan gavne menneskenes forbindelse og fællesskab, prioriteres frem for de forpligtelser, der har med erkendelse og viden at gøre." (2022, s.79)

Spørgsmålet er om også samhørigheden skal sættes over mådeholdet? Når man skal vælge i sit lederskab; hvad er da mest nyttigt?

Hvad tænker du om det?

Skriv lidt stikord ned her:

____

____

____

Når man skal sikre sig andre menneskers velvillighed og engagement, vække folks iver og hengivenhed, er der tre områder, som er gavnlige at kunne – udover at være afholdt, og ikke frygtet;

1. at man kan gennemskue hvad der er sandt og oprigtigt
2. at man kan kontrollere forstyrrende bevægelser i sjælen
3. at man kan trække på folk, man omgås med, på en afvejet og indsigtsfuld måde.

Man skal som leder have skabt respekt og tillid samt en kreds af nære venner, der elsker og beundrer en.

Kort sagt; være vellidt, at gøre tjeneste, være villig til at hjælpe, gavmild og pålidelig. Ens væremåde skal gerne være blid og omgængelig, og så skal klogskab kombineret med retfærdighed, evnen til at forudse og tage bestik af situationen, dyrkes, da det frembringer tillid.

Hvad tænker du om det?

Skriv lidt stikord ned her:

____

____

____

Cicero siger:

"Foragten rammer dem, der hverken er der for sig selv eller andre. Dem, der ikke har nogen udholdenhed, intet initiativ, ingen omtanke." (2022, s.92)

Således skal man gøre sig fortjent til andres anseelse, undgå hvad der er upassende, og via retfærdigheden høste velvilje, tillid og beundring.

Det ædle er det eneste gode, det er grundlaget for menneskenes samliv og fællesskab samt muliggør at leve i overensstemmelse med naturen.

Hjælpsomhed – venlighed – gavmildhed. Godhed. Retfærdighed.

Hvad tænker du om det?

Skriv lidt stikord ned her:

____

____

____

Lasternes vej ned ad skråplanet er let. Nu må vi til det mere subtile.

Det drejer sig om, at ændre sit liv, specielt når det gælder den stoiske filosofi. Det er potente tekster om sjælelige bekymringer, der kredser om hvordan livet bedst leves. Som en anden selvudviklingsfilosofi sigtes der her på at forbedre sig selv ved at opbygge en stærk karakter; at opnå sindsro. Noget man kan praktisere i sit liv og i sit lederskab, i det vi faktisk laver.

Hvordan minimerer vi lidelsen og forøger lykken – gennem visdom, selvbeherskelse, retfærdighed og mod; skabe det gode liv som en del af en større sammenhæng.

Hvad tænker du om det?

Skriv lidt stikord ned her:

____

____

____

Fremadrettet inviteres du derfor til at oversætte tankerne til dit eget liv, omsætte dem i handling og se hvordan de passer ind i dit (ledelses)liv. Det er således en opfordring til at holde sig på afstand af det travle liv, og blive sin egen herre; at blive sig selv gennem åndelig selvvirksomhed. (2021, s.16)

Vi skal lære at holde hus med vores livstid, have blik eller øre for os selv, kunne være sammen med sig selv med henblik på en rolig tilværelse, at få fred til at kunne være sig selv, og leve et liv i værdighed.

Hvad tænker du om det?

Skriv lidt stikord ned her:

____

____

____

Vi må lære at holde fri fra det urolige liv, det gælder om at lære at leve, at leve nu med det samme.

Hvad rækker du ud efter? Hvad har du for øje?

Og vi må holde et særligt øje med livsløgnen og selvbedraget; selverkendelsen, for fri er man kun, hvis man også er sig det bevidst.

Alle de trælse vildfarelser, angsten og tomhedens øjeblikke; kun den, der formår at praktisere sin erkendelse, kan helt være sig selv.

En tåbe vil ingen vel være.

Hvad tænker du om det?

Skriv lidt stikord ned her:

____

____

____

Det handler om at tilstræbe helbredelse af den eksistentielle syge ikke at være sig selv, at frigøre sig fra frustrationerne, at beherske sin affekter gennem nogle mentalhygiejniske anvisninger. (2021, s.63)

Vi kender vel alle godt til at være blevet forurettet og have lyst til at hævne det, indignation, fordømmelse, en stil i sjælen, krænkelse, vi harmes, mildheden glemmes, og noget mere ondartet kan opstå, noget nærmest uhelbredeligt.

Er vrede på sin plads dér, hvor alt enten er til at le eller til at græde over? (2021, s.70)

Hvad tænker du om det?

Skriv lidt stikord ned her:

____

____

____

Seneca siger:

"Alt hvad den vise har at gøre, gør han alene med det gode og uden bistand af noget som helst, som det volder besvær at beherske." (2021, s.73)

Det gavner lige så lidt at blive gal i hovedet som at blive ulykkelig eller blive bange. Måske kan man bære en let fornærmelse i tavshed?

Hvad tænker du om det?

Skriv lidt stikord ned her:

____

____

____

Og han fortsætter:

"Det er ikke nødvendigt at være enten angriber eller offer, enten medlidende eller grusom: den ene er blødhjertet, den anden er hårdhjertet; den vise må kende den gyldne middelvej, og hans handlekraft må ikke skyldes vrede, men sjælsstyrke." (2021, s.76)

Det gælder om at holde vreden i tømme, ikke skade sjælen og gøre sindet irritabelt. Her kan leg være gavnlig, da uskyldige glæder gør sjælen afslappet og behersket. Man bør fx søge at møde ængstelige, mistænksomme og modløse med blidhed og varme, og søge at opmuntre. For som det hedder, så opløftes ånden, hvis den roses og indgives selvtillid, og knuges i trældom. (2021, s.78)

Vi må gøre os fri af mistanker og bange anelser, ikke forbitres over jammerlige småting, og tænke på, hvad vi har gjort, stille os selv til regnskab for vort liv; sige os selv sandheden. (2021, s.83)

Når vi bliver krænket og urimeligt behandlet må vi bære dette med tålmodighed og en munter mine, og huske på at det er de svage skabninger, der tror sig skadet ved den mindste berøring. Mildhed og tilgivelse. (2021, s.89)

Hvad er mere ærefuldt end at lade sin vrede opløses i venskab?

Se sig selv i spejlet – viste nogen sig nøgen; vredens ansigt – og magt?

Som en slags spejl kan dette vise dig – dig selv, på vej til den størst tænkelige lykke. Inspicere den gode samvittighed i så stor en magtstilling som den roligste sjæl kan indtage.

Fordi du er menneske holder mildheden dig rede; *"… hvad der bygger på sandhed og så at sige har rod i fast grund, det vokser sig med tiden større og bedre."* (2021, s.96)

"Se mildheden står rede som et tilflugtssted for de menneskelige vildfarelser." (2021, s.97)

Det handler således om;

1) den humane leder
2) mildhedens væsen og indstilling
3) hvordan sjælen kan ledes til denne dyd.

Hvad tænker du om ovenstående passager?

Skriv lidt stikord ned her:

____

____

____

Seneca siger:

"… hvis det er en rolig og ubekymret tilværelse man søger, vil man af en naturlig drift føres til den mildhed, der elsker freden og ikke lægger hånd på nogen." (2021, s.98)

Det drejer sig om storsind, hvortil hører blidhed og sindsro; at tilgive.

Denne sindsblidhed er modsat sindshårdhed, mildhed og strenghed, og hvor man i strengheden kan henfalde til grusomhed, kan man i mildheden henfalde til medlidenhed. Hvor mildheden (og venligheden) holder sig til fornuften, er mildheden, som det hedder; *"… det forsagte sinds manglende evne til at tåle synet af andres lidelser."* (2021, s.124)

Med et roligt og klart sind at være til gavn og til hjælp og drage omsorg for
det fælles bedste, for helheden og for de enkelte, og hvor der er mildhed
er der også fri vilje.

1. Så når du iagttager dig selv, griber dig selv i den sande indre kraft,
   hvad synes du så?
2. Bliver du besnæret, er der et stille nag, en stille tvivl, en trang til …?
3. Bliver du ramt i sjælen, føler du trang til at fordybe dig, dyrke dig
   selv, finde sindsro – eller er det hele måske mere, end du selv kan
   overskue?
4. Hvem vover vel at sige sig selv sandheden?
5. Er der en indre vaklen, en sindsrørelse, en søsyge?
6. Er der en vis skælven og bevægelse, går man hårdt i rette med sig
   selv – en indre ligevægt?

Hvad tænker du om det (pkt. 1-6)?

Skriv lidt stikord ned her:

____

____

____

Seneca siger:

*"Man må undersøge, hvad der skal til for, at sjælen kan bevæge sig
ubesværet i den samme rytme, være sig selv gunstigt stemt og se med fryd
på sig selv, og uden at der går noget skår i den glæde, blive ved at være i en
fredelig tilstand og aldrig opblæst eller nedtrykt. Det kan nemlig kaldes
sindsro."* (2021, s.133)

Det handler hermed om at dårligdommen trækkes frem, den mulige
livslede og ikke mindst den udvendige rolle. Men også kedsomheden,
vægelsindet, de bestandigt ændrede planer, samt at "glane i ørkesløshed".

I det hele taget erfaringerne af at være fanget i …, ikke orke nogen
fornyelse, samt indsigten i at man ikke lever sådan som man vil, men sådan
som man er begyndt.

Er det noget som du kan genkende?

Skriv lidt stikord ned her:

____

____

____

Hermed bliver der stillet skarpt på utilfredsheden med sig selv, sindets ustadighed, de frygtsomme og ulykkelige lyster som konsekvens af det manglende mod til at ændre det, der styrer ens bevægelser.

Således inviteres vi til at indse vores rådvildhed, indse den manglende selvbeherskelse, og den ubeslutsomhed, der bor i den rastløse sjæl, hvor man er ude af stand til at holde hus med sit sløvsind.

Der er jo tusind svingninger i en usikker sjæl, en rumsterelyst og lystfølelsen til at irritere sine egne udslæt kan blive så omfattende, at man bliver ved med at skifte stilling, for man er ude af stand til at tåle noget ret længe: *"Enhver er bestandig på flugt fra sig selv."* (2021, s.135)

Hvad tænker du om det?

Skriv lidt stikord ned her:

____

____

____

Så, når man ikke kan undslippe sig selv, når man bestandigt er i hælene på sig selv, og endog føler lede ved tilværelsen, kan man måske involvere sig i det politiske liv, indføje sig i de sociale pligter, man kan bedrive legemsøvelser og generel legemspleje, man kan gøre sig nyttig for sine medborgere og medmennesker, gavne de enkelte i privatlivet, gavne samfundet i det almene, lave samfundsnyttigt arbejde, og derved træne retfærdigheden op via pligtfølelsen, styrke sin udholdenhed, tapperhed, i sidste ende sin dødsforagt.

I det hele taget træne den gode samvittighed – som en form for filosofisk studium.

Imidlertid virker det som om, at mange lever ud fra en forestilling om, at befinde sig på et sted, hvor tilfældet ikke kan nå én, dvs. trækker sig tilbage, søger evt. venskaber, prøver at være en god kammerat.

Som en art menneskepligt, træder man i forbindelse med hele Jorden, og gør hele verden til sit fædreland.

Men det ser ud til at en del trods dette puger med deres tid, hvor andre endda ser ud til at sløse den bort.

Spørgsmålet er, hvor mange der egentlig gør sig umage med at være samfundet til gavn?

Hvad tænker du om det?

Skriv lidt stikord ned her:

____

____

____

Seneca siger:

"Selv om andre står i forreste række og tilfældet har anbragt dig i tredje geled, kan du også dér istemme kampråbet og være et eksempel på kamplyst." (2021, s.138)

Med andre ord; hvis tilfældet har nægtet dig plads blandt de første, så stå fast og hjælp med dine råb, stå fast og hjælp med din tavshed.

Godheden, udøver, som det hedder, sine gavnlige virkninger selv på lang afstand og endog i smug.

Hvorfor så tvivle på det stille livs gode eksempel?

Der er med andre ord altid plads til anstændig handling.

Hvad tænker du om det?

Skriv lidt stikord ned her:

____

____

____

Det gælder om ikke at stivne af frygt, specielt når faren truer fra alle sider.

Man frelser ikke sig selv (og andre) ved at begrave sig selv. Som det siges; så hellere være død end leve som død.

Kort sagt; man skal ikke afvente, at omstændighederne stiller en frit, men selv vide at frigøre sig fra dem. (2021, s.140)

Således går det ud på at betragte sig selv, vurdere ens opgaver, og for hvis skyld at man gør det. Dvs. man skal kunne vurdere sig selv rigtigt, ikke øve vold på sin begavelse, se sine nærmeste folk an.

Specielt det trygge og betroende venskab synes som regel at mildne ens bekymringer, letter ens beslutninger, med en munterhed, som spreder vores tungsind.

Find derfor de mindst bedærvede venner.

Hvad tænker du om det?

Skriv lidt stikord ned her:

____

____

____

Seneca siger:

"En nok så trofast og velmenende ven, der altid er ude af sig selv og besværer sig over alt og alle, er en fjende af vor sindsro." (2021, s.142)

Nogle praktiske forslag kan her være; nyd efter behov, øg
selvbeherskelsen, begræns dig til små forhold, bo mere beskedent, tag det
korte sving, anskaf så mange bøger, du har brug for, og husk at vi alle er
lænkede til vor lod, at vi alle er lukket inde i det samme fængsel, og at de,
der binder, selv er bundne. (2021, s.146)

Man må med andre ord vænne sig til sine vilkår, og at det hårde kan
blødgøres, det snævre kan udvides, det tunge kan gøres mindre tyngende,
når man véd at bære det. Blidhed, menneskelighed, gavmildhed, og ikke
mindst at sætte en bestemt grænse for sine ambitioner, dvs. sætte sit
punktum længe før tilfældets vilkårlighed indtræffer.

Mådehold.

Når vi lever, som havde vi lånt os selv, gør tingene med omhu og omsorg,
afstår med taknemmelighed og glæde, uden for meget "fut i ånden", når vi
indser at alle vilkår er foranderlige, at selv ulykker – og *lykker* – har fri
adgang til en selv, så kan vi lære at leve med:

Hvad der kan ramme én, kan ramme hver og én.

Hvad tænker du om det?

Skriv lidt stikord ned her:

____

____

____

Seneca siger:

*"Hvis du i tingenes evige op og ned ikke holder det værste, der kan ske, for
muligt, giver du de fjendtlige kræfter magt over dig, som den formår at
bryde, der forudser dem."* (2021, s.149)

Det gælder også om, at undgå at arbejde på noget frugtesløst eller på en frugtesløs måde, dvs. ikke at ønske noget, som vi ikke kan opnå.

Vor umage må ikke være forgæves og uden virkning – eller virkningen må være umagen værd.

Så, når man med mismod har travlt, strejfer planløst og meningsløst rundt, som jo nok kendetegner og udtrykker mange menneskers livsførelse, fuld af stundesløshed, farer af sted, bare hen og hilse på en, der aldrig hilser igen, så må man indse at den unødvendige træthed, som genoptager den samme tomgang igen og igen, præcis er det modsatte af, at ens arbejde må sigte til noget og have noget for øje.

Man bliver vanvittig af at rase afsted, fuld af tomme og ligegyldige ærinder, altid lure efter noget nyt, dvs. huske ikke have for mange gøremål, lægge lidt mere bånd på ens foretagsomhed.

Vi må gerne være smidige, og dog ikke for afhængige, ikke blive ofre for vægelsindet, og for den sags skyld heller ikke for stivsindet.

Sig derfor til dig selv: "Jeg skal filosofere mere uforstyrret." (2021, s.152)

Hvad tænker du om det?

Skriv lidt stikord ned her:

____

____

____

Demokrit siger:

"Lad os ikke tage det hele for tungt, men bære det med ubesværet sind: det er mere menneskeværdigt at le ad menneskelivet end at jamre over det."
(2021, s.153)

Således kan man konstatere, at den større åndsoverlegenhed viser sig i latteren, at vi ikke skal slække på opmærksomheden, være selvovervågen, at det gode ikke mister værdi ved at komme andres øjne nær, at skifte mellem ensomhed og selskabelighed, fordi ensomhed kan få os til at savne mennesker, og selskabelighed kan få os til at savne os selv, og ikke mindst at sindet skal have lejlighed til adspredelse.

Hvad tænker du om det?

Skriv lidt stikord ned her:

____

____

____

Seneca siger:

"Ligesom frugtbare marker ikke må drives for hårdt, thi de udpines snart, hvis de uafbrudt skal bære frugt, således nedbrydes åndens energi af vedholdende arbejde; afspændt og afslappet kommer den snart til kræfter, mens stadig åndsanspændelse fører til en vis sløvhed og slaphed." (2021, s.156)

Man skal således huske at lege, at der er forskel på afslapning og slaphed, tage sig nogle pusterum, fridage, bruge et par timer på at få hele dagens træthed til at lægge sig, holde pause, unde sig selv ro, hvad man jo har godt af og trives ved.

Hvad tænker du om det?

Skriv lidt stikord ned her:

____

____

____

Seneca siger:

"Man bør spadsere i det fri, for at ånden kan udvides og opløftes under åben himmel og i frisk luft; undertiden kan en køretur, en rejse, en miljøforandring skænke styrke, undertiden et muntert lag med lidt rigeligere drikkevarer end ellers." (2021, s.157)

En rus kan skylle bekymringerne bort og bevæge sjælen fra grunden og ikke blot modvirke forskellige sygdomme, men også tungsind, som det pointeres.

Man må gerne en gang imellem have lov til at skeje ud i overgivenhed og tøjlesløshed og lægge den triste ædruelighed af sig for en tid; "til tider dejligt at gå fra forstanden" (ukendt græsk digter).

Hvad tænker du om det?

Skriv lidt stikord ned her:

____

____

____

Platon siger herom:

"Den, der er ved samling banker forgæves på poesiens porte".

Aristoteles siger herom:

"Der har aldrig været et stort geni uden et stænk galskab".

Man må altså gerne afvige fra det normale, lade sig rive med, for man kan kun nå det høje og svært tilgængelige, hvis/når man er ude af sig selv.

Hvad tænker du om det?

Skriv lidt stikord ned her:

____

____

____

Seneca afslutter:

"Dette er nogle midler til sindsroens bevarelse og genoprettelse og beskyttelse mod lasternes snigløb … men glem ikke modstandsdygtigheden, og den stadige og spændte opmærksomhed, der overvåger den vaklende sjæl." (2021, s.157-158)

Hvad tænker du om det?

____

____

Den regenerative natur; om fysikkens livsfilosofi

*Hvad lærer vi af at være i naturen, hvordan er det at møde naturen i
mennesket og at møde mennesket i naturen, hvad betyder det at være i
naturen, hvorfor – og hvordan – betyder det noget at være i naturen?*

Hvad er 'natur'?

Hvad tænker du om det?

Skriv lidt ned i stikord:

____

____

____

Det latinske udtryk; "Natura", betyder 'at føde' (fra 'nasci' = fødes) med
betydningen, "at noget bliver til af sig selv". Men 'natur' afmærker også
noget oprindeligt a la 'væsen' (jvf. 'essens'), fx i "menneskets natur", og
dermed samtidig noget menneskeligt ubearbejdet (dvs. noget ukultiveret =
vildt). Derudover aftegner naturbegrebet så omfattende emner som fx
virkeligheden, det værende som helhed og bliver derfor også typisk
forbundet til en kosmologi (fx "verdens natur").

Karakteristisk stifter 'natur' herved alliance med særpræg, det unikke,
særlige og kendetegner som oftest noget medfødt (fx 'talent' - i
modsætning til noget tillært, social opdragelse, kultiveret, etc.).

Man kan derfor sige at 'natur' både peger på noget i sig selv, dvs. a la
"tingenes dybeste væsen", noget unikt og enestående; som værende en
essentiel del i/af mennesket, og kan angive en konkret, sansbar realitet (jf.
omsiggribende æstetiske erfaringer i skove, bjerge, havet, etc.).

Hvad tænker du om det?

Skriv lidt ned i stikord:

____

____

____

Går vi imidlertid længere tilbage i (begrebs)historien kan vi registrere, at 'natura' er oversættelsen af det græske ord "physis", der betyder at gro, at blive til, udvikle sig (jf. fysik, fysiologi, emergens, m.m.).

Vi kan således, som Aristoteles i øvrigt gør, anskue *physis/natura* som en kilde eller en årsag til bevægelse, og samtidig som noget, der hviler i sig selv, og dermed opholder sig dér, hvor det hører til. Herved har vi at gøre med 'natur' som den "hvilende kilde til forandring".

Hertil knytter 'livet' an (jf. *bios*).

Hvad tænker du om det?

Skriv lidt ned i stikord:

____

____

____

Det er derfor ikke overraskende at 'natur' bliver forbundet med livets logik, og fx autenticitet som et bud på menneskets inderste, sande væsen (jf. fx Storm & Hutchins), og samtidig udtrykker den omfattende bekymring omkring naturødelæggelsen qua den alenlange og opslidende natur-beherskelse og udnyttelse måske nok den dybe indsigt i og erfaring af, at tilværelsens fundamentale opholdssted og kilde synes at være (tæt på) forsvundet.

Hvis virkelighedens væsen mildest talt er revet op med rode, slemt beskadiget, kvæstet, efter mange århundreders mishandling og vanrøgt, antyder det både det mulige ufattelige forhold, at menneskets "anden natur" (kultur-menneske) formår at ødelægge "sit" eget udgangspunkt og livs-genererende hvilested, og giver et vink om hvilke former for ethos, der må genetableres via regenerativ livsførelse og lederskab.[2]

---

[2] Her kunne man gå mange veje, fx undersøge budskabet i Lukret bog: "Om verdens natur", som er et forsøg på at forklare alt om verden og livet samt lære mennesket at være jorden tro, eller man kunne kigge nærmere ind i Aristoteles': "Tre naturfilosofiske skrifter", som handler om sansning, liv og død samt levende væseners bevægelse – eller endda kaste sig over H.C. Ørsteds bog: "Aanden i Naturen", og kigge dybere ind i den danske natur-romantik i 1800-tallet. Jeg har imidlertid valgt at gå en anden vej, nemlig nærmere ind i: "Fysikkens filosofi".

Når man dykker ind i naturvidenskabens begrebsapparat om 'natur', vil man nærmest, som med livsvidenskaben, dvs. biologien, hurtigt erindre sig at 'naturen', ligesom 'livet' betragtes som stoffets skjulte struktur og substans, og dermed at naturkræfterne grundlæggende set opfattes som livløse, og dermed afkobles til de oprindelige græske begreber og forbindelser mellem *bios*, *physis* og *psyche/anima* samt *pneuma*.

Naturens substans og naturprocesserne drejer sig om atomer, og elementerne udtrykker i sidste instans grundstoffer med en særlig mekanisk, nærmest deterministisk, formålsløs samt meningsløs lovmæssighed knyttet til sig, som det handler om at opdage og nærmere afdække med henblik på at opfinde udnyttelse heraf og forklaringer herpå.

Man går med andre ord bort fra den naturfilosofiske metafysik og bevæger sig i retning af matematik, og hvor fokus er på lyset og himmellegemerne, periodiske bevægelser, og på trods af den mulige harmoniske skønhed, opfattes naturen ikke som besjælet eller som udtryk for andet en såkaldte naturlove, som hverken nogen gud står bag, eller har skabt, men som blot ligger klar til menneskene at kunne udforske, bruge og udnytte til eget forgodtbefindende.

Hvad tænker du om det?

Skriv lidt ned i stikord:

____

____

____

Uanset om vi taler om magnetisme, elektricitet, målinger af det jordiske, er "naturens store bog" lagt klar til astronomiske og universelle iagttagelser og mikroskopiske, molekylære undersøgelser.

Selv kampene om verdensbillederne gennem tiden mister sine etisk-religiøse grundklange, og hvor begejstringen mere synes at vedrøre fx centripetalkraft og centrifugalkraft, så hviler dette på fx navigation, optiske kunstarter, våben, magt, maskiner, kompas-mageri og instrumentbyggeri.

Således interesserer 'naturen' det vestlige menneske, fordi det kan få indblik i nogle dybereliggende virkefelter, som det kan beherske og magte til brug for sit samfundsmæssige, politiske liv.

Og i takt med at sumpgas, batterier, elementarpartikler, opdages, opfindes og udnyttes; lys, lyd, partikler, bølger samt kvanter, m.m. indses og registreres; i takt med at kemi, vibrerende metalplader, ilt, brint, vægtfylde og rumfang, etc. finder sin vej frem til den menneskelige bevidsthed, stiger kraftfelternes elektriske industri, luftforureningen, generatorerne og kommunikationsteknologien; i takt med at alle disse ligninger og termodynamikken, relativitetsteorien samt kvantemekanikken, udtrykker en fundamental materialisme, hvor det periodiske system, energierne, strålerne, radioaktiviteten, elektronerne, protonerne og neutronerne, så har begrebet om *naturfilosofi* for længst fået en anden klang og betydning; nemlig en forstemt tavshed.

Selv *"Dark Space"*, kernespaltninger, neutron-resonanser, krumme rum og lysets tøven, og ikke mindst tiden som den fjerde dimension, hvor poetisk det end måtte lyde i nogles ører, er blot udtryk for den menneskelige iver efter at kunne tegne diagrammer, beregne gravitationsfelter, forudsige forløb, erfare universets begyndelse og grænseflader, i sidste ende med henblik på at kunne bemestre og dermed beherske noget, nemlig naturkræfterne.

Hvad tænker du om det?

Skriv lidt ned i stikord:

____

____

____

Selvom erfaringen af drivhuseffekten tilbage i 1896 fik Svante Arrhenius til at skrive:

"Menneskeheden står foran store problemer med at finde nye råstoffer og nye energikilder, som aldrig vil blive løst. I mellemtiden må vi ikke spilde de ressourcer, vi har, men må efterlade som meget som muligt til de kommende generationer"[3]

... så synes tilfældet stadig at være, at 'naturen' i videnskabens vold fortsat handler om elliptiske orbitaler, magnetiske effekter, elektronspin, molekylær biofysik, isotoper, nuklearmedicin, mikrobiologi og biokemi – fotoner, kosmiske strålinger, etc., som uanset naturvidenskabens

---

[3] Fysikkens filosofi, s. 247.

ufuldstændighed, brobyggeri, antipartikler, flere og flere dimensioner, stærke kernekræfter, partikelfysik, strengeteori, kvantefeltsteori, mørk energi – i sidste ende synes at handle om at komme væk fra planeten; er der vand derude?

Gigantiske teleskoper, kosmiske opdagelsesrejser…

Er det mon overhovedet muligt at forestille sig hvordan den hypermoderne naturvidenskab med alle dens forgreninger af makroskopisk og mikroskopisk art skulle kunne bistå til fremkomsten af regenerative civilisationer?

Hvordan skulle et sådant narrativ lyde og forløbe?

Hvad tænker du om ovenstående?

Skriv lidt ned i stikord:

____

____

____

Lad os (igen, jf. bind 1) kigge på denne matrice:

Dominerende narrativer i tre niveauer:	Nødsituationen / *Emergency*	Fremkomsten / *Emergence*
Mindset (skift)		
System (forståelse)		
Proces (håndtering)		

1. Hvad vil det kræve af ændret *mindset* i forhold natur, kultur, liv og ledelse på denne klode?
2. Er den pågældende systemforståelse intakt trods bølgeteorier, kvantefelter, etc.?
3. På hvilken måde vil den konkrete proceshåndtering spænde af?
4. Ville naturvidenskaben koble sig på 'nødsituationen' eller på 'fremkomsten'?

Det er nogle store spørgsmål som den bioteknologiske og naturvidenskabelige maskine må og skal kunne forholde sig til – prøv at give nogle bud på hvordan – og kom gerne med eksempler på, hvor naturvidenskaben allerede arbejder i retning af fremkomsten af regenerative civilisationer.

Den regenerative magi og alkymi

Naturens værdighed og livets lys

Et af de store spørgsmål, ikke blot i forhold til regenerative ledelse specifikt eller til regenerative processer, men generelt i den menneskelige eksistens, må vel være, om der vi lever i et dødt univers, eller om der "kun" er liv på denne jordklode, og i øvrigt om der er liv på andre planeter – andre steder i det gigantiske univers.

Det handler her om at få indkredset naturens liv og livets natur, dvs. indstifte et nærmere bekendtskab med, hvorvidt man grundlæggende lever et liv sammen med alt andet, som også er liv. Kort sagt om alt er liv, og dermed levende.

Vi nærmer os hermed nogle ontologiske bestemmelser forstået på den måde, om vi mon deler verdenen op i dødt, såkaldt uorganisk, materiale, og liv, såkaldt organisk materiale, dvs. om vi, som fx Descartes grundlæggende skelner mellem det døde, udstrakte, fysiske univers (*matter*), på den ene side, og det levende, bevidsthedsmæssige uudstrakte univers (*mind*), på den anden side.

Op imod en sådan ontologisk dualisme står blandt andet monismen og holismen, dvs. enhedstænkningen og helhedstænkningen, hvor alt er en del af det samme, i forskellige udtryk, samt udgør en dynamiske samlet helhed.

Hvad tænker du om det?

Skriv lidt ned i stikord:

____

____

____

Dertil følger også teknisk set hele den epistemologiske problematik, dvs. vores mere eller mindre fattige eller rige evne til at erfare og erkende os selv, hinanden og verden som helhed omkring os.

Det kunne jo fx godt være at der fandtes noget (som endda er levende), som vi er ude af stand til at registrere, observere eller på anden måde få fat på i vores generelle normalbevidsthed.

For ikke at fortabe os i denne problematik, som trækker alenlange tråde tilbage i vores kulturhistorie, kunne vi vælge at gå nærmere ind på den form for vitalisme som blusser frem i 1700-1800-tallet, og bl.a. derigennem stifte nærmere bekendtskab med fx Nietzsche, m.fl., men det har jeg imidlertid undladt, da jeg snarere er optaget af at komme et andet natur- og livsbegreb nærmere, som (jf. foregående afsnit) er blevet udeladt og glemt, og som virker til at have visse forbindelser knyttet til den regenerative bevægelse og interesse.

Med andre ord vil jeg invitere læseren ind i et mageløst forskningsprojekt bedrevet af Aksel Haaning, som er forsker på Roskilde Universitetscenter, og som har fostret en række bøger, hvoraf jeg vil udforske 3 af dem, nemlig: *"Naturens lys. Vestens naturfilosofi i højmiddelalder og renæssance (1250-1650)"* (1998/2017), *"Middealderens naturfilosofi. Naturen i filosofi, digtning og videnskab ca. 11-1250"* (2009) og *"Aurora, eller morgenrøde"* (2021).

Disse kan måske give os et andet blik på natur og liv, som kan tjene til inspiration til at gå naturen og livet i møde på nye og andre måder, endog genforbinde et tættere bånd hertil samt ikke mindst forvarsle muligheden for et naturfilosofisk lederskab som kan understøtte fremkomsten af en regenerativ civilisation.

Spørgsmålet må i bund og grund være om naturens liv og livets natur er kendetegnet ved mere og andet en evnen til reproduktion, formering, regeneration og mutation.

Naturens liv og livets natur synes at rumme, som tidligere nævnt (i bind 1), en divergent aktivitet og form for sprednings-uforudsigelig vildskab, på den ene side, og på den anden side en (selv)opretholdende, konvergent orden særegen, og hvor livets og naturens brydningslinje synes at være emergens (jf. "Livets logik", Storm & Hutchins, 2019).

Hvad tænker du om ovenstående?

Skriv lidt ned i stikord:

____

____

____

Haaning skriver gennemgående om naturen som et helligt mysterium. Når man skuer ind i naturens inderste, og bringer naturen i tale, mødes man med naturens levende sjæl som en skabende ånds tilstedeværelse. Dermed bevidner vi her, at naturen har en stemme – og en hemmelighed.

Man kan møde den iboende skabende kraft, der går gennem hele naturen, og endog høre naturens visdoms-skikkelse; naturens moder, hvis man lytter godt efter via den rette stemthed – et møde som kan medføre ændret livsførelse og livskvalitet; ligefrem være personlighedsforvandlende og terapeutisk.

Haaning skriver endvidere at naturen bliver betragtet som synlig ånd og ånden som usynlig natur, og kan herved konstatere, at dét, man søger allerede er tilstede i en, man skal blot lære at se det og dermed lade det træde frem, som en slags begyndelse til bevidsthedens forvandlingsproces.

I mødet med naturen kan vi således erfare en gen-opdagelse af det livgivende; som et tyngdepunkt i mennesket selv, der er stabiliserende og potentielt helbredende. Herved føres noget sammen som gensidigt befrugtes, og noget ser dagens lys – og holdes i live efter forløsningen.

Men lad os kigge nærmere på denne indlevelse i naturens liv og livets natur, som det kommer til udtryk gennem de tre nævnte bøger.

Fx hører vi i den over 500 siders store bog (1998/2017) om skovguden Pan, som kunne få tingene til at *løbe løbsk*, skabe panik, og som værende en dæmonisk gådefuld og livsbekræftende naturgud, som repræsenterede naturen i sin helhed, altet, det hele (jf. fx pandemi, panorama, etc.), og at naturen har vrimlet og myldret med guddomme samt at denne naturreligiøsitet forsvandt og blev kvalt som tiden skred fremad.

Selv moder natur, moder jord samt den generelle naturdyrkelse, naturen som skabergudinde, dyrkelsen af hellige lunde, gamle træer – al den fortryllelse er gået bort – eller i det mindste kraftigt reduceret.

Naturen blev snarere en hindring, og en spaltning indfandt sig langsomt via en mere eller mindre aggressiv afvisning af naturens liv og livets natur; vi bevidner en fornedrelse af naturen, naturskikkelsernes undergang, svækkelsen af naturinteressen – vi mistede forbindelsen til jordens liv.

På mange måder synes naturens liv og livets natur at have fortonet sig i mørke, og tanken om at en verdenssjæl gennemstrømmer livet og naturen, dét, der udklækker liv, at være gået i meditativ dvale med en vis melankoli at spore; bagsiden af menneskets stigende beherskelse af naturen.

Imidlertid var det som at der i understrømmen befandt sig en hemmelig alkymi, en naturlig magi samt en fortrolig udforskning af en forvandlende medicin, en såkaldt livs-eliksir som kunne styrke livsdriften og forlænge livsenergien; en skjult alliance som opretholdt et værdigt forhold mellem menneske, liv og natur.

Haaning er inde på at naturen af sig selv frembringer sundhed (s. 100), og at det gælder om at efterligne naturen gennem at gå i mediterende fordybelse, blødgøre sig, for at kunne møde det skjulte i mørket, finde det lys i dæmringen (s. 113-115) gennem blidhed og bløde berøringer, i den forstand skal det tages helt bogstavligt at komme "ud i det fri" med naturen (s. 142).

Således beretter Haaning om vigtigheden af at bevare forbindelsen til naturen, møde det forunderlige gennem at lære om livets grundprocesser, om tilblivelsen af det levende, gennem den højeste kontemplation og den frommeste livsførelse (s. 156-157), som en naturlige tænkemåde og tilgang, at møde den ærværdige natur og naturens eget værk.

Hvad tænker du om ovenstående?

Skriv ned hvad afsnittet har bibragt af tanker:

____

____

____

____

____

____

____

____

____

____

Hvorfor skal vi dog overhovedet gøre noget?

På sporet af eksistens-humane livsopfattelser

Når man går omtrent 25-30 år tilbage fra Bateson (jf. bind 1), til krigstiden, finder vi en triade af tænkere, som forholder sig og udtrykker sig i og om en verden i krise. Tankerne florerer omkring, hvad det vil sige at blive et menneske (igen), at være et menneske, om forholdet valget, livet, hinanden samt det at være til, etc. Vi møder her nogle nedslag fra Camus' forfatterskab, Sartres forfatterskab og Heideggers forfatterskab.

Med andre ord; kigger vi nærmere på specielt individualiteten og individet med inspirationer fra "Sisyfosmyten" (Camus, specielt "Det absurde ræsonnement, side 11-76), "Eksistentialisme er en humanisme" (Sartre) og "Et brev om 'humanismen'" (Heidegger), vil det være muligt at fremdrage hovedtræk af tematisk relevans med henblik på at (gen)tænke menneskets væren i verden.

Hos Camus møder vi en beskrivelse af en absurd oplevelsesform og en åndelig sygdomstilstand, hvor det bliver slået fast (som bekendt måske); at det handler om at afgøre med sig selv om livet er værd at leve eller ej … med den konstatering af, at mange mennesker dør, fordi de mener, at livet ikke er værd at leve.

Livets mening er det vigtigste af alle spørgsmål.

Hvad tænker du om det?

Skriv lidt ned i stikord:

____

____

____

Der skrives om krisen, hemmelige sorger og uhelbredelige sygdomme, bitterhed og lede i forhold til at vælge døden; at bekende med sig selv, at man er overvundet af livet.

At tage sig af dage, som det hedder, må være en indrømmelse af, at det 'ikke er ulejligheden værd at leve', at man har erkendt vanens latterlighed.

Måske oplever man sig som fremmed, landflygtig, som om der er en kløft mellem én og livet … noget som driver éns længsel mod tilintetgørelsen, siger Camus.

Og hele flugten, den typiske flugt, den skæbnesvangre flugt:

"Håbet om et andet liv, som man skal 'gøre sig fortjent til', eller det bedrageri, som består i at leve, ikke for livets egen skyld, men for en eller anden idé, som er større end livet, som sublimerer det, giver det en mening og forråder det."[4]

Fornærmelsen mod tilværelsen, hævder Camus, gør, at man flygter fra den gennem håbet … indtil det sidste vendepunkt, hvor tanken svimler.

Hvad tænker du om det?

Skriv lidt ned i stikord:

____

____

____

Men hele det absurde verdensklima, med ynkelig oprindelse, hvor tomheden bliver talende, hvor kulisserne styrter sammen, med den umådelige lede blandet med forundring, og ikke mindst den konstante (simple) bekymring, havner en dag i et øjeblik, hvor det er os selv, som må bære den tid, vi er i.

Hele den uigennemtrængelige fremmedfølelse, med hvilken intensitet naturen kan forråde os, hele det tabte paradis, hvor verden glider fra os, fordi den igen bliver sig selv, den meningsløse pantomime, tomme mimik og det svimlende styrt, kvalmen, når tiden skræmmer os, dødens lys, den åbenbare nyttesløshed, stiller, ifølge Camus, os hver især foran spørgsmålet:

"Bør man vælge døden frivilligt, eller håbe trods alt?"[5]

Hvad tænker du om det?

---

[4] Camus, side 17.
[5] Ibid., side 25.

Skriv lidt ned i stikord:

____

____

____

"Men så snart tanken rører på sig, revner verden og styrter sammen. En uendelig mængde glitrende spejlstumper bliver tilbage for erkendelsen. Man må på forhånd opgive håbet om nogen sinde at få genopbygget den velkendte og rolige overflade, som gav os fred i hjertet."[6]

Camus skildrer her hvordan vi mennesker er fremmed for os selv, gæster i de øde egne, lever et fantomliv og fødes i en ørken, hvor angsten og afmagten hersker.

Hvordan våger man; hvordan finder man vej gennem ruinerne, når vi har mistet 'naiviteten' i den afbrændte verden, hvor intetheden og den håbløse fortvivlelse er den eneste realitet?

Hvad tænker du om det?

Skriv lidt ned i stikord:

____

____

____

Menneskets kaldende håb og universets meningsløse tavshed, længslen efter lykke og klarhed, og ikke mindst at tænke, dvs.; *"… at lære at tænke på ny, at være opmærksom, at styre sin bevidsthed, at gøre enhver tanke og ethvert billede til noget enestående."*[7]

Vi lever i et fælles klima, med det samme ekko, under samme kvælende himmelstrøg; hvordan slipper man bort, indretter sig; undflyr eller lever der?

---

[6] Ibid., side 27.
[7] Ibid., side 36.

Hvad tænker du om det?

Skriv lidt ned i stikord:

____

____

____

I mødet med en overmægtig (om)verden, der sønderknuser én i en uafladelig kamp med en total håbløshed, i et stadigt afkald, og en bevidst utilfredshed, via en indrømmelse af sin egen magtesløshed, forråder vi imidlertid, ifølge Camus, os selv, hinanden og verden; ved tankens (og ydmygelsens) yderste grænse søger vi at finde det; *"... som kan genføde menneskets tilværelse i hele dets dybde."*[8]

Hvad tænker du om det?

Skriv lidt ned i stikord:

____

____

____

Når vi vover springet via et sindrigt og imponerende jonglørtrick, og derved mister vores virkelige ansigt, for at gå op i en evighed, der på én gang er uforståelig og tilfredsstillende, når vi springer som en undvigelse, i et desperat håb, med den fortvivlede længsel og betingelsesløse underkastelse, ikke at finde helbredelse, når vi slipper udholdenheden, og ikke lærer at leve med vores sygdomme (a la Kierkegaard), når vi stiller os op over verden uden at kunne gå op i hinanden og stirrer ind og ned i den bundløse tomhed, og indser livets fortvivlelse, så skal vi, ifølge Camus, ikke blive patetiske gennem;

"... at belyse tankens vej, når den udgår fra en filosofi om verdens mangel på mening og ende med at finde, at den både har mening og dybde."[9]

---

[8] Ibid., side 43.
[9] Ibid., side 52.

Hvad tænker du om det?

Skriv lidt ned i stikord:

____

____

____

Miraklet og genfødslen af verdens mangfoldighed opvækker en interesse, som Camus, betegner som en "trøstens metafysik", og bemærker at man hermed stræber efter en forsoning med verden, og at det elastiske spring magisk nok alligevel fører til målet.

Melankoli, at være ude af stand til at lindre angsten, at fornuften løber sur i det og redder sig selv ved at fornægte sig selv;

"... erfaringen af kløften mellem åndens higen og verden, som skuffer den, min længsel efter enhed, universets splittethed og den modsigelse, som lænker dem til hinanden"

... sønderrevetheden, og at give efter for trangen til flugt, det afgørende øjeblik ... forud for springet:

"At blive stående oprejst på den svimlende tinde er redelighed, alt andet er udflugter."[10]

På afmagtens tinde...

Hvad tænker du om det?

Skriv lidt ned i stikord:

____

____

____

---

[10] Ibid., side 61. (Ligesom det foregående citat).

Det gælder tværtimod om, ifølge Camus, at holde konflikten levende via en anspændt bevidsthed, være i nuets helvede, med en sønderrivende standhaftighed gennem følgende tre anvisninger;

1) at leve med det, man véd
2) at affinde sig med det, som er
3) ikke regne med noget, som ikke er sikkert.

Herved kan det blive muligt at leve uden tilflugt, og endda leve bedre, jo mindre mening noget har, hvilke bl.a. indebærer en konstant konfrontation mellem mennesket og dets egen dunkelhed, et metafysisk oprør og en uafladelig væren i ansigt til ansigt med sig selv.

"Mennesket skimter sin ensomme og frygtelige fremtid og kaster sig ind i den."[11]

Hvad tænker du om det?

Skriv lidt ned i stikord:

____

____

____

Dette er hermed en invitation til at leve et liv uden skyklapper, hvor man bærer sig selv via en skeptisk metafysik, og dør uforsonet.

Her vakler hverdagsmenneskets livsmål, og dermed det liv, som en sådan, ifølge Camus, oplever som værende i stand til at blive dirigeret af sig selv.

Det svimlende aspekt ved at ofre sit eget jeg ved at drukne sig i selvopløsningen, flugten fra den daglige søvngænger-tilværelse viser netop, ifølge Camus, opgøret med *"det forsonede menneske"*, ved at;

"… hente sin styrke, sit mod til at fornægte håbet og sin vilje…"[12]

Hvad tænker du om det?

---

[11] Ibid., side 65. (de tre anvisninger er at finde på side 64).
[12] Ibid., side 71.

Skriv lidt ned i stikord:

___

___

___

At leve uden trøst og tilflugt sigter, ifølge Camus, på:

"At opleve sit liv, dets oprør og dets frihed, så stærkt som muligt, som er at leve så meget som muligt."

Tre konsekvenser heraf;

1) min revolte
2) min frihed
3) min passion

... og hermed en opfordring til det liv, som gør det værd at leve, et liv som har magt til at forvandle via fortvivlelsens *vågenat*; det gælder i det mindste om at leve...[13]

Hvad tænker du om det?

Skriv lidt ned i stikord:

___

___

___

Hvad angår Sartre, holder han sit foredrag i 1946, som sigter på følgende, som Professor Jacob Dahl Rendtorff gør opmærksom på i afslutningen af sin introduktion hertil.

---

[13] Ibid., side 74-76.

Her i en noget længere passage:

*"Sartres forsvar for eksistentialismen som en humanisme udgør en opsang
om at forholde sig ansvarligt og oprigtigt til sit eget og det andet
menneskes liv og eksistens. Samtidig er den etiske fordring i dag så stærk
som aldrig før. I kraft af den teknologiske udvikling i det moderne
risikosamfund kan samfundet i langt højere grad styre sin egen tilværelse
og herske over den levende natur, dyrearterne og måske endda manipulere
med egenskaber hos fremtidige generationer af mennesker. Det
humanistiske engagement drejer sig derfor om at sikre, at der også i
fremtiden kommer til at eksistere ægte menneskeliv på Jorden. Samtidig
må menneskene værne om naturens og dyrearternes sårbare og skrøbelige
livsudfoldelse, der trues af økologiske katastrofer. Således gælder det etiske
og eksistentielle ansvar i dag ikke bare alle mennesker, men er blevet et
spørgsmål om menneskehedens forpligtelser til at sikre samfundets og
naturens overlevelse."*[14]

Hvad tænker du om det?

Skriv lidt ned i stikord:

____

____

____

Det drejer sig således om menneskets eksistentielle rådvildhed, og udgør et
overbevisende bud på det (sen)moderne menneskes vilkår.

Som Rendtorff bemærker det, så kan;

*"… den eksistentialistiske filosofi overvinde modløsheden og gøre
menneskelivet muligt … (det er) … en lære om, hvordan mennesket kan
opnå et oprigtigt og smukt liv ved bevidst at vælge sin eksistens og kæmpe
for sin egen og det andet menneskes frihed i en bedre og mere retfærdig
verden."*[15]

---

[14] Sartre, side. 36.
[15] Ibid., side 9.

Pointen er her at vi kan overvinde vores angst og fortvivlelse ved at engagere os og skabe mening i verden.

I stedet for at flygte, og bare opholde os på en tilfældig plads, at leve i ond tro (livsløgnen), handler det om at gøre menneskelivet muligt, og ikke mindst redeligt og engageret.

Hvad tænker du om det?

Skriv lidt ned i stikord:

____

____

____

Gennem den *rensende* refleksion er det muligt for det fremmedgjorte menneske, som lever i selvbedrag, at leve et smukt og autentisk liv via engagementet i den kunstneriske skaben, og opleve det totale nærvær, og blive fuldstændig sig selv.

Vi er hvad vi gør os selv til!

"Menneskets autentiske eksistens skal forstås som et engageret og oprigtigt projekt om at skabe en bestemt virkelighed."[16]

Hvad tænker du om det?

Skriv lidt ned i stikord:

____

____

____

Vi sætter selv vores værdier, som vi vil leve efter, som når de er autentiske og ægte vælges i kraft af frihedens *rensende* refleksion.

---

[16] Ibid., side 19.

Således beror det, som Rendtorff skriver det, på en viljesbeslutning, dvs. i en spænding mellem ond tro og autentisk refleksion vælger vi en mening med vores liv:

"Angst er angst for intet, dvs. en grundstemning, der vidner om, at selvet ene og alene er ansvarlig for sin tilværelsestydning og sine handlinger."[17]

Hvad tænker du om det?

Skriv lidt ned i stikord:

____

____

____

Valget er med andre ord alvorligt og betydningsfuldt, og det gælder for ethvert menneske til enhver tid, at det må tage et eksistentielt valg, hvilket således udtrykker en filosofi om menneskets værdighed ... et menneskeværdigt liv.

Men hvad er det rigtige at gøre?

Hvad vil det sige at være menneske?

"Kun det frie og ansvarlige menneske, der i en ægte og oprigtig refleksion forholder sig til sit eget eksistentielle dilemma ... er ansvarlig for hele menneskeheden."[18]

Hvad tænker du om det?

Skriv lidt ned i stikord:

____

____

____

---

[17] Ibid., side 21.
[18] Ibid., side 24.

Således handler det om moralsk omvendelse, generøsitet og tolerance, forståelse og indlevelse; et engagement for hele menneskeheden:

"Det autentiske samfund bygger på forståelse, frihed og oprigtighed … hvor alle mennesker respekteres i deres frihed, værdighed og forskellighed."[19]

Hvad tænker du om det?

Skriv lidt ned i stikord:

____

____

____

Øjeblikket da mennesket når ind til sig selv i sin ensomhed (side 40), hvor er det menneskeligt! Det stiller os over for en mulighed af valg.

Som Sartre siger:

"Når vi siger, at mennesket vælger sig selv, mener vi ganske vist, at hver af os vælger sig selv; men deri ligger også, at vi i valget indbefatter alle mennesker."[20]

Og således kan vi i dette engagement ikke undgå følelsen af vores totale og dybe ansvarlighed.

Hjælpeløst forladt, fordømt til at være frit, ansvarlig for alt det, vi gør, henvist til hvert øjeblik at skabe os selv; jeg må vælge det, som virkelig fører mig i en bestemt retning (side 61).

Det er først når vi handler, at værdien bestemmes, og vi er ikke andet end summen af vores handlinger; summen af vores liv (side 69).

"Et menneske engagerer sig i sit liv, tegner sin skikkelse, og ud over denne skikkelse er der intet."[21]

Vi mennesker holder vores skæbne i vores egne hænder!

---

[19] Ibid., side 28. "Menneskene er først rigtige frie, når de har overvundet den økonomiske og sociale undertrykkelse … et oprør … med humanistisk engagement … at kæmpe for at overvinde fremmedgørelse og undertrykkelse i samfundets forskellige tvangsmekanismer." (side 29-30).
[20] Ibid., side 49.
[21] Ibid., side 70.

Hvad tænker du om det?

Skriv lidt ned i stikord:

____

____

____

Vi må således oprette en menneskeverden som en samling af værdier, i samhørighed med andre, de andre er uundværlige for min eksistens (side 76), og vi skaber os selv ved at vælge vores moral (side 83), og vi vælger os selv i samkvem med andre (side 84), uden undskyldninger og uden hjælpemidler:

"… redelige menneskers handlinger … betyder søgen efter frihed … fra det øjeblik der er engagement, er jeg nødt til at ville andres frihed såvel som min egen…"[22]

Hvad tænker du om det?

Skriv lidt ned i stikord:

____

____

____

Når det drejer sig om Heidegger, kommer vi for det første ind i en helt anden sproglighed, og møder dernæst også en kritik af den form for 'humanisme', der sætter mennesket først og væsentligt som omdrejningspunkt.

Ifølge Heidegger har Sartre, og generelt eksistentialismen, misforstået forholdet mellem eksistens og essens; vi befinder os her på et plan, hvor der kun gives væren:

---

[22] Ibid., side 86. Sartre afrunder sit foredrag med bl.a. følgende væsentlige bemærkninger: "… det tilkommer os at give livet en mening, og værdien er ikke andet end den mening, vi vælger … muligheden for at skabe en menneskelig samhørighed…" (side 90). Og: "Mennesket må finde sig selv og være overbevist om, at intet kan frelse ham fra sig selv…" (side 94).

"At mennesket eksisterer … betyder … at det er det sted, hvor den dybere og højere mening, der gør sig gældende i universet, kan vise sig. Heidegger siger, at mennesket er 'værens åbning', 'værens hyrde', og at 'sproget er værens hus."[23]

Hvad tænker du om det?

Skriv lidt ned i stikord:

____

____

____

Man kan sige at Heideggers generelle interesse vedrører "værens forbindelse med menneskets væsen" (s.27), at mennesket varetager væren, som stemmes ud fra lysningen, tilskikkelsen, sker først og fremmest i sproget, hvor menneskets væsen, ifølge Heidegger, har hjemme.

Som det siges i introduktionen til "humanismebrevet":

"Kun ved at være åben for værens sandhed som ikke underlagt menneskets vurdering kan den menneskelige eksistens frelses fra etikkens hjemløshed."[24]

Hvad tænker du om det?

Skriv lidt ned i stikord:

____

____

____

---

[23] Ibid., side 33-34. Rendtorff pointer på samme side: Humanismen fører (ifølge Heidegger) til en total værensglemsel, fordi den skaber alt i menneskets billede … mennesket må ærbødigt lytte til den sandhed, der findes i væren … mennesket skal finde sin rette plads i værens sandhed."

[24] Heidegger, side 17. (Hvorfra det foregående citat også stammer fra).

Det kalder på en afgørende vending i menneskets selvforhold, og i forhold til at være til samt ikke mindst i forhold til teknologien.

Mennesket isoleres, ifølge Heidegger, af teknikken, af humanismen, og trues derved i sit væsen. Heidegger varsler hermed følgende (i sit særegne sprog):

"Kan tænkningen fremover stadig undslå sig for dette at tænke væren, efter at denne har ligget skjult i lang glemsel og samtidig i det nuværende verdensøjeblik varsler sig i rystelsen af det værende?"[25]

Det handler grundlæggende om at befri sproget og indsætte det i en mere oprindelig væsensstruktur, som det formuleres (side 28).

Hvad tænker du om det?

Skriv lidt ned i stikord:

____

____

____

Talen, tænkningen, digtningen skal forblive i værens element; væren nærer derved sympati for tænkningens væsen, og tilhører væren, som dens tilegnelse. Værenstænkningen skænkes og muliggøres gennem en "stille kraft" (side 32).

Det handler om varetagelse og værdighed, om det sproglige forfald, og hvis mennesket, som det siges, atter engang skal finde ind i værens nærhed, så må det først lære at eksistere i det navnløse (side 33).

Vi må kunne lade os tiltale af væren.

Herved bringes mennesket tilbage til sit væsen; mennesket bliver derved først menneskeligt, dét er humanisme, som Heidegger siger det; det handler om at (kunne) stå i værens lysning, herved bevarer vi vores væsensbestemmelses herkomst; herved er mennesket i sandhedstilskikkelsen.

---

[25] Ibid., side 22. Man kan læse mere om Heideggers teknologifilosofi i: "Spørgsmålet om teknikken".

Dette er, ifølge Heidegger, vendingen til hjemstedet, og samtidig;

"… en tilskyndelse til at føre menneskets væsen hen til det punkt, hvor det tænkende skønner på den dimension af værens sandhed, som råder i det."[26]

Herved erfarer vi vores egentlige værdighed (side 48).

Hvad tænker du om det?

Skriv lidt ned i stikord:

____

____

____

Det gælder med andre ord om, at tage vare på det, der er, at værne om værens sandhed, som værens hyrde, er værens lysning det nærmeste og dog samtidig det fjerneste for mennesket, konstaterer Heidegger (side 49).

Denne enkle nærhed, at der gives, er erfaringen af værens givende væsen, som skænker en åbenhed, som vi mennesker imidlertid har glemt, hvilket, ifølge Heidegger, er vores forfald.

Vi mangler denne omhu, har mistet fornemmelsen for lysningens tilskikkelser:

"I denne nærhed, i lysningen fra hint 'til stede', bor mennesket som den eksisterende, uden at det allerede i dag formår egent at erfare og overtage denne bolig."[27]

Hvad tænker du om det?

Skriv lidt ned i stikord:

____

____

____

---

[26] Ibid., side 47.
[27] Ibid., side 57.

Således er mennesket et flakkende væsen, levende i hjemløshed, har mistet nærheden til oprindelsen; hjemlandet er nærheden til væren, og når det hellige dæmrer varsler det, ifølge Heidegger, om at overvindelsen af denne hjemløshed lysner.

Værensglemslen og værensforladtheden, som det kaldes, er menneskets fremmedgørelse; det nutidige menneskes hjemløshed (side 59-60).

"Mennesket er værens nabo. … Det er denne humanisme, der tænker menneskets menneskelighed ud fra nærheden til væren."[28]

Hvad tænker du om det?

Skriv lidt ned i stikord:

____

____

____

Vægterskabet, en erfarende spørgen, den eneste gave, den rette tavshed, at gå den anviste vej, at blive på vejen som vandrere i værens nabolag, at tænke menneskets væsen mere oprindeligt, at vække en besindelse (nemlig besindelsen på væren selv), at gå imod meningens tilvante søvnighed; at bringe lysningen i værens sandhed frem for tænkningen … dette er nogle af Heideggers bestræbelser på at pege mod værens åbenhed; verden er værens lysning, og spørgsmålet om hvorvidt denne verdensalder kan heles, helbredes (side 73), står og falder med;

"… hvordan det menneske, der ud fra ek-sistensen har erfaret sig til væren, skal leve på skikket vis."[29]

Hvad tænker du om det?

Skriv lidt ned i stikord:

____

____

____

---

[28] Ibid., side 63.
[29] Ibid., side 75. På samme side står der: "Verdensøjeblikket varsler sig i rystelsen…"

Herved åbnes muligheden for en oprindelig etik, som søger tilbage til den væsensgrund, fra hvilken tænkningen af værens sandhed kommer; at trædelig egentligt ind i opholdsstedet, hvor mennesket, tænkeren, bor, og lader væren – være:

"Væsentligere er det, at mennesket finder ind til opholdsstedet i værens sandhed. Først dette opholdssted giver erfaringen af det holdbare … menneskevæsenets husly…"[30]

Heidegger afslutter sit humanismebrev med følgende påmindelse og opfordring i forhold til den nuværende verdensnød, som han siger det, kalder det på større opmærksomked i tænkningen via;

1) besindelsens strenghed
2) talens omhu
3) ordets sparsomhed.[31]

Hvad tænker du om ovenstående "regenerative eksistenshumanisme"?

Skriv lidt ned i stikord:

____

____

____

____

____

____

____

____

____

____

---

[30] Ibid., side 84.
[31] Ibid., side 87.

Det åbne: mennesket og dyret

Som afslutning på dette binds del 1 vil jeg runde af med nogle tanker fra den nulevende, italienske filosof, Giorgio Agamben (1942-), der for mange efterhånden er blevet noget af en helt, og for mange også svært tilgængelig.

Han er i de senere år kommet mere og mere ind i den danske horisont, ikke mindst som følge af, at omtrent et dusin af hans bøger er blevet oversat til dansk, hvoraf flere af dem er blevet introduceret af den danske filosof; Søren Gosvig Olesen fra Københavns Universitet.

Den bog som jeg specielt vil arbejde med i forhold til nærværende udgør, som Gosvig Olesen, formulerer det i sit forord hertil, et centralt værk i Agambens forfatterskab, med hovedtemaet; *antropogenesen* eller hvordan man bliver menneske:

"Han spørger, hvorvidt det stadigvæk er muligt at blive menneske, at gøre den bevægelse gennem hvilken mennesket hæver sig ud af den øvrige natur for at opnå sin status som menneske. Eller kort sagt ... han spørger, om menneskeheden stadig findes."[32]

Og Gosvig Olesen fastslår endvidere (s. VIII), at Agamben betragter imperativet: "Kend dig selv!", som udtryk for at mennesket er det væsen, der kun er, hvad det er, ved at finde ud af at være det, og at denne evne til selverkendelse indebærer, at;

"... mennesket er det dyr, som må genkende sig selv som menneskeligt for at være det."

Hvad tænker du om det?

Skriv lidt ned i stikord:

____

____

____

---

[32] Giorgio Agamben: Det åbne. Mennesket og dyret, s. VII. (2002/2018). I det følgende vil jeg være sparsom med direkte referencer, bortset fra ved citatbrug – og derfor vil den velvillige læser kunne følge fremstillingen af bogen som en form for parafraserende stiløvelse.

Imidlertid kan det se ud som, at vi mennesker ikke tager denne opgave på os mere, og spørgsmålet bliver derfor, hvorvidt forsoningen mellem dyr og menneske, peger på det uvirksomme og overflødige menneske, uden opgave, eller på mennesket i dyreskikkelse, dvs. at vi måske er i gang med, at *'animalisere det humane, ved at isolere det ikke-menneskelige i menneskets'*.

Agamben inviterer os hermed via *det åbne* ind i det fremmede ved naturens åbenhed, hvortil hører en nedbrydelse af vores naivitet i forhold til naturen, en åbenhed, der er uvidende om sin åbenhed.

Som det formuleres (via Heidegger), er mennesket stillet i forhold til det åbne, som dyr er mennesket det åbne.

I *Dyreskikkelse* hører vi bl.a. om de menneskelige dyreansigter, og dyreskikkelsen som udtryk for en anderledes økonomi, og dyrets natur berøres flygtigt, med konstateringen af det ikke umulige,

"... at forholdet mellem dyr og mennesker på den yderste dag skal ændre sig og mennesket selv forsone sig med sin dyriske natur."[33]

Hvad tænker du om det?

Skriv lidt ned i stikord:

____

____

____

Og i *Hovedløs* strejfes dyrehoveder, dæmoniske enheder og 'lav materialisme'; "en nøgen menneskelig skikkelse uden hoved = hellig sammensværgelse" (mennesket er flygtet fra sit hoved), og spørgsmålet om den skikkelse, mennesket og naturen vil få på sigt, inspireres via Kojéve (s. 23 – her gengivet i brudstykker), som fx:

"Mennesket forbliver i live som et dyr, der befinder sig i overensstemmelse med Naturen og den givne Væren. Hvad der forsvinder, er Mennesket i egentlig betydning, dvs. den negerende handling i forhold til det givne ... afslutningen på handlingen ... bortfaldet af krige og blodige evolutioner ... bortfaldet af filosofien ... al resten kan opretholdes i det uendelige; kunsten, kærligheden, legen ... alt det, som gør mennesket lykkeligt."

---

[33] Ibid., s. 21.

Vi hører her om 'det åbne sår, som mit liv er', om passiviteten, det massive, hvor mennesker forvandles til en slags 'får, der fuldt bevidste affinder sig med at skulle slagtes.'

Således bliver det lidt længere kapitel: *Snob* (som i: "Intet dyr kan være snobbet" – Kojéve) et spørgsmål om menneskets bliven dyr, som indebærer at kærlighed og leg igen blive 'naturlige', og bygge bo som fulgene og edderkopperne.

Dertil fører at det menneskelig sprog vil forsvinde, som en anden *accelerando* ud i naturlighed, og at mennesket som et dialektisk spændingsfelt, kun kan være menneskeligt; 'i den udstrækning, det transcenderer og transformerer det menneskebærende dyr, som holder det oppe'.

Dyrekroppen, den hovedløse skabning med sit eget animalske liv, det naturlige liv kalder herved på biomagten, og dermed på livet som en strategisk funktion; kalder på hvad det vil sige "at leve", og ikke mindst kalder på, "hvad livet er" – kræfter og evner, livet som næring, og ikke mindst hvad der gør det muligt; det vegetative og organiske liv, alle de blinde funktioner, samt forholdet til den ydre verden.

Hvad tænker du om det?

Skriv lidt ned i stikord:

____

____

____

Alle "de mystiske forskelle" synes her at virke via en strategisk funktion; opdelingen af livet i vegetativt og relationelt, organisk og animalsk, dyrisk og menneskeligt – og humanismen:

"I vores kultur er mennesket altid blevet tænkt som opdelt i og sammensat af en krop og en sjæl, et levevæsen og logos, et naturligt (eller animalsk) element og et overnaturligt element, hvad enten samfundsmæssigt eller guddommeligt."[34]

---

[34] Ibid., s. 35.

At tænke 'mennesket', det praktiske og politiske og denne adskillelse, mennesket i mennesket, som en anden "salighedens fysiologi", mennesket i levende live, det kontemplative liv, alle disse kognitive (og dermed erkendelsesmæssige) eksperimenter, *oikonomia* (husliggørelsen), en kritisk tærskel af det dyriske og det menneskelige, førstefilosofiens erkendelses-eksperiment, og dermed alle de taksonomier, kendetegn og mekaniske kortlægninger, apparaturer, hvor fx menneskets fætre (aberne) adskiller sig fra os mennesker, fordi de har; 'et tomrum mellem hjørnetænderne og de øvrige tænder.'

Noget menneskelignende, en fornuftig skabning; havfruen? Pygmæen? Mellemdyret, 'født nøgen på den nøgne jord', og når det ikke genkender; 'sig selv som mennesker indrangerer de sig blandt aberne', etc.

Således skitserer "den antropogenetiske maskine" en række spejle, hvori mennesker ser sit eget billede; 'holder aben et spejl'?

Mennesket = det dyr, der kun er ved at erkende sig som ikke værende – og dermed *Uden rang* (*dignitas*) holder dette væsen sig svævende i en uophørlig væren mere eller mindre sig selv, med et fravær af ansigt, med hverken et bestemt væsen, eller et bestemt kald; herved kan mennesker antage alle mulige karakterer og ansigter.

Ergo: En kamæleon med mangel på *dignitas* – konstaterer Agamben.

Det menneskelige ansigts træk er et øjebliksvæsen.

Hvad tænker du om det?

Skriv lidt ned i stikord:

____

____

____

Hvad angår *Den antropologiske maskine* som fremstiller det 'menneskelige' gennem udelukkelser (som også er indfangelser) og inklusioner (som også er eksklusioner), nævnes 'verdens gåder', 'abemennesket', det talende menneske, og dermed også sproget:

"Ved at identificere sig med det element sætter det talende menneske sin egen tavshed uden for sig selv som allerede og endnu ikke menneskelig."[35]

- Hvorfor mennesket, og ikke dyret, skaber sproget?
- Hvorfor skaber mennesket sproget?
- Hvorfor skaber sproget mennesket?

Et undtagelsesrum, fuldstændigt tom, udsat i det uendelige, en pladsholder, det menneskelige – et nøgent liv – få den stoppet![36]

Hvad tænker du om det?

Skriv lidt ned i stikord:

____

____

____

I *Umwelt* støder man på en af økologiens grundlæggere (Uexküll), og dermed;

"… et betingelsesløst farvel til ethvert antropocentrisk perspektiv i livsvidenskaberne og en radikal afhumanisering af natursynet" som i øvrigt, som det bemærkes, fik stor indflydelse på Heidegger, der forsøgte at adskille mennesket fra levevæsenet, og på Deleuze, som tænker dyret uden antropomorfismens træk eller egenskaber.

---

[35] Ibid., s. 55. *"Sproget er nemlig så nødvendigt og naturligt for det menneskelige væsen, at mennesket uden det hverken kan eksistere eller tænkes som eksisterende. … Med sproget begynder menneskets sande og egentlige aktivitet; det er broen, som fører fra dyreriget til menneskets rige … dyre-mennesket … fra animalitet til humanitet… "* (S. 56. Steinthal).

[36] Hvad angår denne maskine, kan tanker omkring bandlysning, lyse i band, bande og ikke mindst at være bandit, måske informere os om noget dramatisk i forbindelse med disse maskinelle manøvrer – at indfange noget/nogen for at holde det/dem udelukket – bure inde/ude, eller at udelukke nogen/noget ved et indelukke det/dem – fredsløs, asyl, lejre, etc., der således vidner om at det ikke "blot" er på sprogets niveau, dvs. ord vi ikke vil/kan have med at gøre, som fx 'intet', m.m. – alt det såkaldt ikke-identiske (fremmedartede), og som der dermed ikke kan peges på (eller dog peges fingre ad), som ikke kan identificeres, lokaliseres, botaniseres, m.m., vidner en del om hvordan kommunikations-maskiner fungerer; udrydder ved at rydde op – skabe mening, klosaksen, som Deleuze og Guattari omtaler disse "greb og klip".

En uendelig variation af sanseverdener, et gigantisk, musikalsk partitur,
'spadsereture i ukendte verdener', illusionen; 'troen på en fælles verden,
som alle levende væsener skulle befinde sig i', betydningsbærere (og lære
disse at kende) som musikalske enheder, 'uden nogen indbyrdes
kommunikation og dog i så fuldkommen samklang', som et "fluenet",
udgør det en gensidig blindhed, med vitale rum mellem det levende og
dets omverden;

*"… ethvert folks nære forbindelse med sit vitale rum er som dets forbindelse
med en egen væsensdimension."*[37]

Agamben inviterer os i *Flåt* ind i Uexkülls eksperimenter, som har den
fremmedgørende virkning;

*"at se med ikke-menneskelige øjne på steder, han ellers er helt fortrolig
med."*

Hvad tænker du om det?

Skriv lidt ned i stikord:

____

____

____

En art anti-humanisme, hvor flåten og dens betydningsbærere involverer
en 'ventetid', dvs. en venten uden tid og uden verden, hvorved *Fattig på
verden* involverer os i den 'dybe kedsomhed', som følelsesmæssig
grundstemning, og dermed den åbning, der er fremkommet i det levende i
form af mennesket (Heidegger).

Der tales/skrives her om liv, humanitas som en 'ikke-kunne-blive' og som
en 'ikke-kunnen-forlade', og dermed også om en 'verdens-fattigdom', hvor
det afhæmmende ('betydningsbæreren'), og den dertil hørende
afhæmningskreds gør optagetheden i indelukket af sine afhæmmeres kreds
fortumlet, sløvet, men også berøvet, forhindret, indtaget, indoptaget som
opførsel; optaget, indfanget, som en væren drevet af en åbning, der er
konkav, som det hedder; "dyret er frataget selve muligheden for at opfatte
noget som noget", og står derved ikke åbenbart, som værende opslugt i en
'driftsmangfoldighed', åbent i en utilgængelighed, i en tæthed, og lever i en
verdens-undværelse.

---

[37] Ibid., s. 64. Som skulle få betragtelig indflydelse på nazismens geopolitik.

I kapitel 13-16 involverer Agamben os i Heideggers bedrifter, dvs. i retning af det åbne, 'intetsteds uden et nej', som den omvæltning, kun den egentlige tænknings blik, kan se, og hvor dyr og planter, ifølge Heidegger, ikke udgør en livlighed (og dog er levende) ud i det frie; de har ikke 'blik for deres væren utilsløret i værens frie rum':

"Lærken ... ser ikke det åbne, fordi den, selv i det øjeblik, hvor den mest overgivent higer mod solen, forbliver blind for den og aldrig kan afsløre den ..."[38]

Hvad tænker du om det?

Skriv lidt ned i stikord:

____

____

____

Gør dette mon dyret til et 'overmenneske'? Fortumlet drives vi alle måske rundt af vores afhæmmere, fængslet og optaget, i en uigennemsigtighed, som mystikerens mørke nat, som i en hemmelig sammensværgelse, *unio mystica*, natsværmeren, blindhedens erkendelse, som den mystiske erkendelse erfarer det uerkendte?

Heidegger skriver:

"... livets væsen er kun tilgængeligt i form af en destruktiv betragtning ... måske er livet et område, der har en rigdom på åbenværen, som den menneskelige verden slet ikke kender magen til."[39]

Og udtrykker dermed skabningens længselsfulde venten på forløsningen (jf. Paulus).

---

[38] Ibid., s. 80. Agamben skriver på samme side: *"Hvis problemet således er grænsen, dvs. på én gang adskillelsen og nærheden, mellem dyret og det menneskelige, er det måske på tide at forsøge en nærmere bestemmelse af den animalske omverdens paradoksale, ontologiske status...".*

[39] Ibid., s. 82. Heidegger fortsætter på samme side (og den næste side – her i brudt form): *"... lade den mulighed stå åben ... verdens væsen ... und-væren – fattigheden ... veje ... blevet snævre, triste og møjsommelige ... en væsensmæssig rystelse..."*

Hvad tænker du om det?

Skriv lidt ned i stikord:

____

____

____

Der kaldes på/efter en 'væsensrystelse', fortumletheden, animalitetens væsen, den egnede baggrund, kedsomhed, fastholdt-fortryllet; 'spændt ekstatisk ud af sig selv i en udsættelse, der ryster i hver af dets fibre', en ekstrem nærhed, en operation, og stedet for denne operation er *Dyb kedsomhed.*

Her er en væren-ladt-tom, forladt i tomheden, tidsfordriv, ligegyldige, naglet og prisgivet, tvunget eller bundet, svigtet; 'efterladt i den verden, det har omsorg for'.

Udleveret; 'præcis som dyret i dets fortumlethed er udsat', i et ekko af den 'væsensmæssige rystelse'.

Væren-holdt-hen, dæmringer, der lader os i stikken, ubrugte muligheder, 'brakmarken, at lade ligge brak, dvs. inaktiv, uopdyrket', 'den oprindelige mulig*gørelse*', som en væren-kunne, dets mulighed som muligt, et opkald, et tvingen hen imod, som 'afsløringen af den rene potentialitet', suspendering fra det og med det 'åbne, det frie-ved-væren, og dermed 'menneskets lysning; den, som ser ud i det åbne'.

Den oprindelige hemmelighed, der råder i hjertet; i 'angstens intets lyse nat'.

Hvad tænker du om det?

Skriv lidt ned i stikord:

____

____

____

Agamben konstaterer at mennesket synes at være gennemstrømmet af intethed; *"… fordi mennesket i den dybe kedsomheds erfaring har vovet sig ind i ophævelsen af sit forhold til omgivelserne som levevæsen."*[40]

Således arbejdes der i *Verden og jord* med den tilslørede trængsel af omgivelser som opholder sig i det værendes åbne, og hvor åbning og lukning udgør en væsentlig strid (som verden og jord): 'Verden er grundet på jorden, og jorden gennemstrømmer verden', det stridbare tilhører sandhedens væsen og bebor menneskets væsenssted, som Heidegger kan formulere det.

Og hvad angår *Animalisering* er fællesskabet den antropologiske maskines område, hvor; *"… det handler om at tage den opgave på sig, som gælder selve folkenes faktiske eksistens, og det vil i sidste ende sige deres nøgne liv."*[41]

Hvad tænker du om det?

Skriv lidt ned i stikord:

____

____

____

Antropogenesen udgør hermed en overskæring, den dyriske (meta)fysik, som en stadig tildragelse, en fri, tom og bandlyst undtagelseszone, en intets lysning, en bio-politik, og frem for alt en tomgang i form af en teknisk, beherskende varetagelse og en overladelse som værens hyrde, og *Mellem* indskriver 'naturens nat, der samler skabningernes liv', fører det menneskelige sprog tilbage til en stumhed, en omvurdering af naturen, forældelsen og salighedens rytme, noget, som ikke står at redde, mennesket; gennemstrømmet af forskellige drivkræfter, og to forskellige forløsninger:

1) en undergangs evighed (rytmen)

---

[40] Ibid., s.93. Som Agamben på samme side pointerer om mennesket: *"… et dyr, der har lært at kede sig … som er vågnet fra sin egen fortumlethed … er det menneskelige."*

[41] Ibid., s. 99. På samme side hedder det, at der ikke er andet tilbage; *" … end at afpolitisere det menneskelige samfund ved en ubetinget udfoldelse af oikonomia, eller antagelsen af selve det biologiske liv som højeste politiske (eller snarere upolitiske) opgave"*. Hvorved; *"… selve det naturlige liv og dets velfærd synes at optræde som menneskehedens sidste opgave."* (s. 100). Dvs. varetagelsen af det biologiske liv; menneskets animalitet.

2) en naturs rytme (lykken).

Agamben afrunder hermed sit foretagende i nærværende bog med at anslå mennesket som den sigte, hvor liv konspirerer, og samtidig beruselsen ved den tekniske beherskelse af naturen samt at maskinen er gået i stå, stilstanden indtræffer, og at 'det hemmelige bånd, der forbinder mennesket til livet' vedrører genfødslen via en sensualitet, en melankoli, som værende erotisk forbundne, som en vellystig tøjlesløshed, der i en fortvivlet toneart, og med krystallinsk klarhed – via meditation over kærligheden – indser at det splintrede i livets træ, er et mistet mysterium, en fortabelse i hemmeligheden, mod et saligere liv, et inderste *otium*, uden virke; helt igennem uvirksom; *"... som livets, højeste og frelsesløse skikkelse."*[42]

Hvilke tanker har dette afsnit vakt?

Skriv ned her:

____

____

____

____

____

____

____

____

____

____

---

[42] Ibid., s. 111. Og slutter med *Uden for væren* at indvarsle fødselskvaler, åndens grænse, der jamrer og frigør en egen mest sande natur, frigør livets dybe mening; tilgiver, lader være en ny skabning, der udstiller den centrale tomhed, og vover sig ind i denne tomhed...

Øvelser; om tid, liv og optik

De fire årstider – et spørgsmål om cyklus

Det liggende 8-tal: i al evighed

I dette afsluttende afsnit af bind 2 første del skal vi udforske betydningen af det regenerative (cykliske) tidsbegreb, som typisk signalerer en evighedsfigur, en tilbagevendende rytmik, der indvarsler at en mere ligelig fordeling mellem faserne (årstiderne) er påtrængende, som sigter efter at genoprette eller udligne (re-balancere) en tabt (evig) rytmik – endda i et lukket kredsløb – kaldet livshjulet.

Imidlertid vil jeg gerne stille spørgsmål til, om dette er den eneste (og mest livgivende) form for tidsopfattelse og livserfaring, som alternativ til den typisk udskældte lineære tids- og livserfaring (jf. *kronologien*). Og til gengæld åbne op for et billede og dermed en erfaring af tidens liv og livets tid, som "dråben, der kommer indefra" og spreder sig som "ringe i vandet".

Udfordringer, som den cykliske tidsopfattelse søger at løse

Typisk vedrører det cykliske tids-design en påmindelse om at komme sig (vinteren) efter forårets lethed, sommerens intensitet og efterårets frisættelse (høsten).

Ligesom åndedrættets puls, hvor den lette indånding, går over i den intensive "holden vejret", til udåndingens frisættelse – frem til "at holde vejret ude" (med tømte lunger); restaureringen.

Med andre ord synes mange mennesker (og dertil knyttede projekter og arbejdsopgaver) at glemme at "gå i dvale"; restituere eller restaurere efter en intensiverende opgaveløsning (dvs. budskabet er typisk: husk vinteren, gå i hi, slap af, kom dig, etc.).

Trods dette forhold og den relative lette identifikation hermed, og dermed typisk høje grad af konkrete anvendelighed i sin praktisering af det organisatoriske års livshjul, m.m. imødeser denne repetitions-tanke og dertil knyttede *genoprettelsens logik* ikke et andet alternativ end den lineære (kronologiske) tidserfaring.

Men der findes imidlertid en tredje tidserfaring, der formentlig er mest kendt fra at dukke op fra Plotins emanationslære (udstrømning), hvis dybder knytter an til verdenserfaringer, tegn-forståelser og frisættende ekspansioner (ikke mindst via Deleuze og hans læsning af Proust og Bergson), som jeg i det nedenstående vil udfolde lidt mere.

Praktiske anvendelser ved den regenerative nutidserindring

I forhold til et mere *udstrømmende* regenerativt tidsbegreb, som således hverken er cyklisk eller lineært, sigtes der efter brydningspunktet mellem den aktuelle nutid og den virtuelle fortid (den, der forsvinder) og den virtuelle fremtid (den, der ankommer).

Se dette som et kryds, hvor den horisontale akse, er det virtuelle plan og den vertikale akse er det aktuelle plan; der hvor akserne skærer hinanden er lige nu.

I denne *nutidserindring* (dvs. i krydsets skæringspunkt) erfares tiden som en grundlæggende strøm af energi, der forplanter sig dynamisk ud og ind i erindringen (fortiden) og ud og ind i forestillingen (fremtiden).

I denne konstante krydsende strøm af "nu, væk, måske", i denne varighed, som langt fra er et teknisk ydre eller et bevidsthedsmæssigt indre, erfares frisættelsen og *vedblivelsen* som livets væsentligste udtryk; som varighedens indtryk.

I dette mellemrum (mellem en selv og noget andet) sker livets tid og tidens liv med os, hinanden og verden som helhed. Her praktiseres vi gennem en værens-kraft, som virker stærkere ind på hvad der foregår i det indre og i det ydre.

Denne tidserfaring foregår i intensiteternes fremkomst, i begivenhedernes mellemtid; lad mig forsøge at konkretisere, og udvide dette billede af et krydsfelt – gennem at eksemplificere:

Fordelene ved at praktisere nutidserindring

Hver gang vi erfarer (og ikke blot oplever) at tiden spalter sig i et nuværende og i det forgangne samt i et muligt kommende, indser vi også hvilke billeder, som rammer, møder og styrer os i forhold til det virtuelle erindringsplan (dvs. på hukommelsens og forhåbningernes niveau).

Hver gang vi sker gennem dette samspil, står vi klart frem, bliver i stand til at være i og med det aktuelle, og ikke lader os forstyrre at fiksérbillederne fra fortidens uendelighed og fremtidens uendelighed.

Vi bliver med andre ord tydelige og fokuseret. Men mere end det; vi giver også øjeblikkets betydning langt større vægt gennem en begivenhedspraksis, som udfordrer den konstante reproduktion af territorialiseringer og reterritorialiseringer.

Og mere end det; vi indser hvad det er der fastholder os i rigide forestillinger (drømme, ængsteligheder, m.m.) og "gamle levn" (hjemsøgt af fortiden, m.m.); vi frisætter os i det aktuelle møde; i øjeblikkets begivenhed – i begivenhedens øjeblik.

Og den spildte tid, og den tabte tid forsvinder; vi genfinder tiden, som Proust ville sige – og hvor Bergson samt Deleuze vil stemme i.

Lad mig yderligere skitsere nogle billeder:

Som dråben, der skaber ringene i vandet

Forestil dig tiden som cirkler i cirkler, som når en dråbe rammer tilværelsens overfladespænding, eller når "bundgas" bobler op fra dybet, og bryder overfladespændingen i vores daglige praksis.

Hvis vi ser for os fire cirkler, udgør den inderste cirkel vores daglige praksis, der består af den verden vi færdes og opholder os i, og hvis tegn er tomme, forstået som entydige og rituelle, som rutiner og bevidstløse vaner. Her er en tidsløs erfaring at spore, fordi her spildes tiden, så snart og så længe at vi ikke går med i den bølge, som dråben (eller bruddet med overfladespændingen) her forårsager.

Med andre ord: Hvis vi forbliver i inderste cirkel er vi konstant i lethedens forårstid; vi lever i den territoriale verden, hvor vi er meget godt med i hvad der foregår, vores hjemmevante livsverden, men båret af en tomhed og med en tidsglemsel – der som regel kommer bag på os, når det er ved at være for sent.

Flyder vi imidlertid med over i næste cirkel, indtræffer mødet med de verdenserfaringer, hvor tegnene vi møder og udsiger samt praktiserer bliver mere tvetydige, og dermed noget vanskeligere at være i; det skvulper noget mere; her tabes tiden samtidig med at *sommertiden* her bliver mere intens.

Glæden ved at overvinde denne første barriere (fra cirkel 1 til cirkel 2) skaber lysere tider og lettere stemninger; vi flyder jo lidt med – giver lidt mere slip, prøver noget lidt andet, og kan som regel godt leve med at tingene vi møder, siger os noget i en form for dobbelt-sprog, men det gør det jo blot mere spændende, dybsindigt, betydningsladet, m.m.

Her kan der imidlertid være en tendens til at reterritorialisere, således forstået, at vi vender tilbage, dvs. slipper bølgens ekspansive bevægelse, og flyder tilbage til vores komfortzone og udgangspunkt, dvs. dér, hvor vi blev ramt, dér, hvor tids-dråben skete (for at blive i billedet), og dermed i de tomme, entydige (og hjemmevante, velkendte) tegn – og den dertil knyttet praksis, selvforståelse, m.m.

Bevæger vi os imidlertid videre til den næste (tredje) cirkel, sker *efterårets* frisættelse med os; vi forsvinder med andre ord fra vores udgangspunkt (den inderste cirkel; nedslagets udgangspunkt), og mødes af en flertydig verden.

Med andre ord deterritorialiserer vi her langs frisættelsens tidsbevægelse – og kommer herved ud i ydre egne, til et fremmed område, hvor tidserfaringen er kendetegnet ved at genfindes via *reminiscenser* (jf. Proust), dvs. små glimt, som hensætter os i resonans, her bliver nutidserindringen tydelig og aktiv, fordi den skaber et dybere erfaringsrum og flere bevægende livsklange at leve i – og ud fra.

Det er som om at vi i dette farvand genopdager noget glemt i en verden med mere dybde, større kompleksitet, båret af en erindring, der er mættet med betydning; kort sagt – en udvidelse af den eksistentielle sfære og tilværelsens grundklange.

Og glider vi helt ud i yderste cirkel, dvs. ind i *vinterens* restaurering, forsvinder vi ud i en absolut deterritorialisering, og først her kan man tale om en decideret transformation, da vi for det første ikke kan finde hjem til dråbens udgangspunkt, eller dér, hvor brudfladen skete med os, og for det andet er der her i yderste cirkel åbent for den uendelige horisont.

Her flyder vi med – og slapper af; på én og samme tid kommer vi aldrig tilbage igen fra dér, hvor vi drog bort, og samtidig er vi kommet helt og aldeles hjem. Dette er tilværelsens kunstværk, som møder – og skaber – os.

Hvilke tanker vækker dette?

Skriv ned her:

____

____

____

Lad mig afslutte denne (tanke)øvelse med nogle refleksioner over;

1. hvordan denne tidserfaring kan anvendes som metode
2. nogle mulige barrierer ved denne metode
3. et bud på hvordan evt. udfordringer kan blive produktive
4. de langsigtede gevinster ved denne metode (og dette tidsbegreb)

De regenerative plask; som at plumpe ind i livet

Da livets dråber sker med os hele tiden, er den største udfordring typisk at kunne identificere virvaret af øjeblikke – ikke øjeblikkene, som perler på en snor (det vil netop være en tilfangetagelse af tiden som kronologisk og dermed lineær), men som myriader, molekyler og mumlende summen, hvis uskelnelighed mellem et indre liv og et ydre liv omkring os heller ikke gør det nemmere at finde "den dråbe, som vi går med".

Forslaget er derfor her dobbelt, nemlig;

1) find det område, hvor du vil/kan plaske eller plumpe i
2) dyrk de tegn, som du omgives af, og selv udtrykker

– gå i det mindste fra entydighed til dobbelttydighed; lad det uklare og diffuse være dine retningslinjer for at strømme med de ekspansive bevægelser.

Hvilke tanker vækker dette?

Skriv ned her:

____

____

____

En af de typiske barrierer er "mellem-tiden", dvs. bevægelsen fra cirkel 1 til cirkel 2, fra cirkel 2 til cirkel 3 samt fra cirkel 3 til cirkel 4 (jf. ovenstående billede med "ringene i vandet").

I denne mellem-tid brydes tegnene, verden man lever i og oplever samt tidserfaringen ændrer sig. I disse bølgende brydninger ("overgange") er der en intensitetsstigning og et fald; "… et fald, hvorigennem udviklingen sker", som Deleuze bemærker det.

Der går med andre ord lidt "sommer" i den, hver gang, dette sker, dvs. noget blomstrer, man glædes, spændingen stiger, det kilder i maven, og man glider af og finder sig i en ny verden, med nye betydningslag – samt ikke mindst; man (gen)finder tiden.

Når det lykkes at leve i tiderne og tegnenes verden – som ovenfor skitseret, går alting – hele tiden – ud ad, og væk fra én selv, som bølger, hvor man skvulper med, svømmer med, "træder vande", etc. – en sådan regenerativ livsførelse, som i øvrigt udtrykker et immanent tidsbegreb, er produktiv, fordi den kraft, hvormed man sker, er *oceaner* større end én selv; nemlig på størrelse med intet mindre end livets hav – og havets liv.

Og jo mere, at man bliver klar over, at man blot er en dråbe i havet (for at blive i billedet, nok en gang), desto mindre søsyg og svimmel bliver man, desto mindre kvalmende bliver livet, og desto mere kan – og må – man finde frem til, hvordan man gebærder sig på "livets åbne hav" – og det er klart, at jo mere man plasker rundt – og går i panik, desto flere bølger skaber man (lokalt) omkring sig.

Den ultimativt langsigtede gevinst er at gå med bølgen, dråben, der bryder overfladespændingen, nogle gange er man selv dråben, der får bægeret til at flyde over, andre gange sker man som en "effekt" af begivenheden.

Dette livsnære tidsbegreb (som nævnt inspireret fra Plotin, Bergson, Proust og Deleuze) gør det muligt at finde frem til sine måder at være på i livets tid og i tidens liv, og skaber samtidig en sprogliggørelse, der dels er poetisk og eksistentiel, og dels fjerner os fra erfaringen af at være indespærret i en uendelige løkke af gentagelser, tidsmæssige loops, gentagelser, etc...

Dette åbner endvidere op for at tidens bevægelser og livets kræfter sker hele tiden, som dråber, som bølger, som uendelige, ekspansive og uforudsigelige dynamikker – hvis *opgave* det er for os, som de små mennesker vi er, i det mindste at kunne (lære) at være i, og forhåbentlig formå at skabe – en (nogenlunde) værdig eksistens for alle "havets" beboer.

Hvilke tanker vækker dette?

Skriv ned her:

____

____

____

Her er 5 spørgsmål at tænke videre over:

1. Hvornår kommer dit første (og sidste) dråbe-plask?
2. Hvad skal der til, og hvor meget kraft kan der lægges i det?
3. Hvordan sker du gennem dine mellem-tider?
4. Er der mon underliggende kræfter, tilbagestrømninger, understrømme, m.m. som trækker dig tilbage, flyder du med, tager du aktivt svømmetag for at komme over bølgen, m.m.?
5. Hvad er dine erfaringer med at gå "planken" helt ud, dvs. ud til deterritorialiseringens yderste cirkel – eller som Deleuze bemærker det; "at komme ud på kanten af konsistensplanet og vende tilbage med røde øjne" (hvor man har set kaos i øjnene)?

Nedskriv dine tanker om dette perspektiv på den regenerative tidserfaring:

____

____

____

____

____

____

____

____

____

Tanker om livet

Hvis vi bladrer rundt i mere almindelige fagfilosofiske leksika eller opslagsværker og søger under "liv", finder vi knap så overraskende ud af, at det er et centralt emne for en del filosofiske tænkere. På det indledende plan vil vi få nogle ganske almindelige inddelinger beskrevet, såsom overvejelser omkring forholdet til livet og mulige forskelle mellem det såkaldte mentale liv, det fysiske og biologiske liv og et kunstigt liv.[43]

Men også forholdet mellem liv og død samt meningen med livet er nogle væsentlige og dramatiske emner for den filosofiske tænkning. Hvad angår det første tema om liv og død, knytter det sig typisk til etiske spørgsmål som for eksempel udforskningen af klare livs- og dødskriterier, men det er også værdifuldt at se på, hvordan vi kan begrunde, at livet i sig selv har værdi – og at døden skulle være det tragiske udfald heraf.[44]

Således indfanges psykologiske, politiske og etiske spørgsmål om mord, vold, straf, abort og generelt det forkerte/rigtige i at slå ihjel, hvilket også kan tangere mere religionsfilosofiske og spirituelle spørgsmål om, hvorvidt det menneskelige liv er så værdi- og meningsfuldt, at det har en dybere eller højere funktion i forhold til et guddommeligt anliggende.

Og det modsatte heraf vil indfange eksistentielle temaer a la tomhed, nihilisme og absurditet, for så vidt at menneskelivets mening grundlæggende set er uden betydning og formål.

Er vores menneskelige liv i det hele taget noget værd?

Betyder det mon noget overhovedet?

Hvilke tanker vækker dette?

Skriv ned her:

____

____

____

---

[43] *The Cambridge Dictionary of Philosophy* (Audi, 1999).
[44] *Concise Routledge Encyclopedia of Philosophy* (Routledge, 2000).

Spørgsmål som disse finder vi gennemgående hele vejen rundt i den fagfilosofiske kanon, hvoraf en del samtidig har tilstræbt at argumentere for, hvorfor det skulle give god mening at fortsætte med at leve.[45]

Når vi således anskuer spørgsmålet om liv, død og meningen med at være til overhovedet, rammer vi ind i en metafysisk anlagt diskurs, hvor spørgsmålet om livets væsen, natur og hensigt, m.m. bliver omdrejningspunkterne for tankens interesse.

Og vi vil ganske hurtigt erfare, at emnet vil blive brudt i tematikker og vinkler såsom for eksempel vitalisme, strukturalisme, syntropisme og funktionalisme.[46]

Hvad angår det vitalistiske synspunkt på spørgsmålet om liv, sigter dets hovedpointer typisk på græske udtryk som *enteleki*. Dette begreb udviklede Aristoteles, og det angiver en virkeliggørelse af noget, som tidligere kun var en potentiel mulighed.[47]

Således er det også et ord, som sigter på en virkelig form for aktualitet; den fuldkomne virkelighed, som også er det mål, hvorefter alt stræber.[48]

Hvilke tanker vækker dette?

Skriv ned her:

____

____

____

---

[45] I for eksempel *The Encyclopedia of Philosophy*, Vol. 3-4 (Edwards, 1967), er der omtrent 10 siders oversigtsartikel herom, og ellers kan man eventuelt kigge i Lyotards lille bog: *En postmoderne fabel* (1994) eller for den sags skyld gå på opdagelse hos Camus, Sartre, Nietzsche og hele det eksistentielt betonede filosofiske forfatterskab. Her kan man også tænke på Irwin Yalom og hans eksistenspsykologiske terapiform. Se for eksempel: *Eksistentiel psykoterapi* (Yalom, 2006) eller Viktor Frankl og hans logo-terapi: *Psykologi og eksistens* (Frankl, 1996), som fokuserer på viljen til mening.

[46] *A Companion to Metaphysics* (Kim & Sosa, 1997).

[47] Teknisk set udtrykker "enteleki" en form for formålsorienteret faktor, som bevirker, at et organisk væsen vil udvikle sig i overensstemmelse med sin egenart. Leibniz sætter ligefrem lighedstegn mellem dette sjæleprincip og det, han omtaler som monader (mindste-enheder).

[48] Således udgør "sjælen" det vitalistiske princip, og spørgsmålet om spiritualisme og "vitale strømme" åbner herved op for nogle metafysiske områder, hvor der ikke ligefrem er nogen direkte dokumentérbar evidens.

Hvad angår det strukturelle aspekt af vitalismen og spørgsmålet om livets
væsen sigtes der her på emner som højere grader af komplekse hierarkier
og systemer. Og hvad angår den *syntropiske* vinkel, vedrører dette tanken
om, at livet i sig selv netop er en indre kapacitet, som formår dels at
regulere sin egen organisering og dels er i stand til at undgå *entropi*.[49]

Det er klart, at sådanne overvejelser og forsøg på at definere livets væsen
og natur i sig selv oftest møder modstand og kritik. Det gælder også
tankerne om levende organismer som åbne systemer, der modtager deres
energimæssige input fra deres miljøer.

I forhold til det mere funktionalistiske synspunkt på livet har dette blik et
større fokus på livsfunktionerne i og ved den pågældende organisme, for
eksempel perceptionsfunktionen, tankefunktionen samt motoriske og
reproducerende funktioner.

Særligt spørgsmålet om metabolisme, dvs. stofskiftet, kan være et centralt
omdrejningspunkt, hvor det undersøges, hvorledes en given organisme
formår at nedbryde næringens molekylære sammensætninger til energi
eller som byggesten til *biosyntese* af mere komplekse organiske molekyler.

Uanset hvor besnærende gangbart dette synspunkt synes at være – at vi
skal kunne fordøje og assimilere samt i det hele taget omsætte eksterne
prægninger, molekylært såvel som sprogligt og kulturelt – kan der også
være vanskeligheder ved dette synspunkt.

Hvilke tanker vækker dette?

Skriv ned her:

____

____

____

---

[49] Entropi-begrebet kommer fra den termodynamiske diskurs og vedrører her et givent
systems grad af (u)orden og tilfældighed, således at hvis en given organismes entropi er lig
nul, er det i perfekt orden, ro, balance.

Lad os på grundlag af filosofisk inspirerede vinkler og synspunkter på livs- og sjælebegrebet udfolde seks tematiske ontologiske spor:[50]

1. *Materialistisk monisme* – Livet og døden er to sider af samme sag: for eksempel udtrykker atomisme dette ved at tænke, at atomernes sammensætning er anderledes i livet og i døden; substansen er ét og det samme i forskellige udtryk og kombinationer.

2. *Sjælen er dødelig* (jf. Aristoteles) – Der er en distinktion mellem det døde stof (græsk; *hylé*) og livets princip i periodisk forening (græsk; *enteleki*).

3. *Sjælen er udødelig* – Sjælevandring som for eksempel hos Platons tænkning (græsk; *metempsykosen*), "kødets opstandelse" (jf. kristen tænkning); materialitet bebos af sjæleligheden (jf. fx animisme).[51]

4. *Ontologisk dualisme* (jf. fx Descartes) – Sjæl/bevidsthed og legemets udstrakte natur eksisterer uafhængigt af hinanden (jf. fx gnosticisme).[52] Hos Descartes bliver den organiske natur opfattet som en kompleks mekanisme som genstand for den bevidste substans; dvs. det menneskelige subjekt (*res cogitans*).

5. *Livet er et kommunikationsforhold mellem bevidstheder* (jf. fx Kant og Hegel, og dermed tysk idealisme) – Kun det såkaldt overindividuelle opnår udødelighed, dvs. den kollektive, verdenshistoriske selvbevidsthed. Dette kommunikerende livsfælleskab udfolder sig videre via den livsfilosofiske tænkning gennem F.D.E. Schleiermacher (1768-1834) og Wilhelm Dilthey

---

[50] Inspireret fra *Politikens filosofileksikon*.

[51] Animismen udtrykker det mulige forhold, at *anima* (sjælen) befinder sig i alt levende, fx at træer, steder, begivenheder m.m. er besjælede.

[52] Gnosticismen henviser dels til det græske ord *gnosis*, som betyder "erkendelse", og dels til den opfattelse af gnostikere, at livets primære formål handler om en art mystisk indsigt i det, der ligger bag de umiddelbare oplevelser i dagligdagen, som om der ligger en bagvedliggende sandhed på den anden side af "skyggebillederne" (jf. Platon og hans hulelignelse. En slags "nøglehuls-metafysik" (som Theodor W. Adorno (1903-1969) og Max Horkheimer (1895-1973), grundlæggerne af den kritiske sociologi: Frankfurterskolen, ville omtale det som). Se for eksempel deres bog: *Oplysningens dialektik. Filosofiske fragmenter* (1995).

(1833-1911) og præger blandt andet fremkomsten af ånds- og humanvidenskaberne.[53]

6. *Det eksistensfilosofiske liv* – Kierkegaard, Nietzsche, Sartre og Heidegger er stærkt prægende og repræsenteret, hvor frihed, valg, livskræfter, magtvilje, verden, eksistens (selvsagt), tilværelse og erfaringen af ens egen endelighed er med til at definere og udfolde livsbegrebet.

Hvilke tanker vækker dette?

Skriv ned her:

____

____

____

Vi kommer således nærmere det forhold, at vi som erkendelsesorienterede og livsinteresserede væsner, mere eller mindre bevidstgjort, lever og opererer på baggrund af en eller anden form for livsfilosofi, dvs. en tænkning af, hvad livet er for en størrelse; ikke blot vores eget og vores medmenneskers liv, men det forhold, at der i det hele taget er noget, og ikke bare intet. Livet som sådan; livets mening som helhed.

Vi nærmer os det, der i løbet af den tyske oplysningstid begyndte at tage form som praktiske anvisninger for et godt liv, og som i løbet af 1800-tallet udartede sig til en samling af mere eller mindre systematiserede livserfaringer i en art antirationalistisk betoning. Vi søger hermed ind mod en erkendelse af en filosofisk tænkning, som bygger på en idé om livets og den givne karakters oprindelige enhed, til forskel fra en mere nøgtern forstandsmæssig og distanceret fornuftstænkning herom. Denne filosofiske tænkning søger at overvinde den traditionelle ontologiske dualisme.

---

[53] Schleiermacher og Dilthey var vel nok de toneangivende fortolkningsteoretikere i romantikken. De arbejdede en del for at udbrede hermeneutikken til at blive noget andet og mere end til et spørgsmål om bibelfortolkninger, nemlig til at gælde alle former for menneskeligt overleverede åndsprodukter (såsom fx poesi, musik, maleri, m.m.). Således skulle hermeneutikken fundere den humanvidenskabelige metode og praksis.

Mon vi via denne mere livsfilosofiske strømning kan komme nogle nyk længere ud af hulen?

Og kan disse kulturhistoriske indslag af filosofisk art bibringe os en højere grad af opvågning, klarhed og tilnærmelse til en *objektiv* livserkendelse?

Hvilke tanker vækker dette?

Skriv ned her:

____

____

____

For at finde ud af det må vi kaste os ind i varianter af tænkning om *Lebensphilosophie* via tematikker som livskraft, førnævnte vitalisme, livsverdenen (Husserl og Habermas), eksistens, Dasein, væren (Heidegger), tilværelsen, verden, livets mening og værdi samt hele den bevidsthedsfænomenologiske parallel hertil.

Lad os udforske livet som modstander og/eller medspiller i form af det skønne eller grimme liv, det gode og det onde liv, det retfærdige og det uretfærdige liv, det sande og det falske liv; ja, hele forestillingen og forhåbningen om det frie liv, eller omvendt: det liv, som altid allerede er og fortsat vil være ufrit, bundet og nødvendiggjort.

Lad os smage på hele hykleriet, den livsbekræftende og livs-benægtende form for tilværelse (Nietzsche), selvbedraget og de dæmoniske formationer, hvor friheden er gået i baglås (Kierkegaard), løgnene, den onde tro (Sartre); kort sagt livets vaner og vanerne i livet.

Den eksistentielle habitus og den mulige form for filosofisk livsførelse (Karl Jaspers, 1883-1969), hvor mulige livsfilosofiske behandlingsmetoder (Pierre Hadot, 1922-2010) i form af for eksempel tid til eftertænksomhed, besindelsen og livsfilosofiske helbredelsesformer kan gives via recepter og formler hidkommende fra vestlige og østlige bredde- og længdegrader.[54]

---

[54] Jasper var en tysk psykiater og eksistentielt orienteret filosof, og han var specielt optaget af, hvad det vil sige at opleve tilværelsen som sådan, dvs. erfaringen af at være til, hvilket for ham at se er noget, som typisk opstår i forbindelse med livskriser. Se for

Kan varianter af meditative bud moderere moderne sindslidelser eller typiske arbejdspatologiske træk, sygdomme, terapi, kur, heling, helbredelse?

Hvilke tanker vækker dette?

Skriv ned her:

____

____

____

Det har vel altid været drømmen og forhåbningen, at indsigt og fundamental livserkendelse og eksistentielle erfaringer kan bibringe noget livgivende og sundhedsfremkaldende nadver og nektar; at det livsfilosofiske bidrag kan skabe tankemæssige rum og vejledning for et videre (selv)arbejde med for eksempel uhensigtsmæssige instinkter, (selv)beherskelse, skyld, skam og dårlig samvittighed, skadelig uro i form af blandt andet tankemylder, bekymringer og mental stress.

Hvordan lød det, da disse tankeformer kom til verden omkring slutningen af 1700-tallet inden for omkredsen af en art tysk idealisme?

Lad os lytte lidt til Kant og Hegel og derpå snige os omkring den danske eksistentialist og religiøse forfatter Søren Kierkegaard med henblik på også at skimte til Nietzsche. Kierkegaard og Nietzsche var de to livsfilosofiske tænkere, som i 1800-tallet fik tænkt den menneskelige tilværelse i bund i den periode, som samtidig gik fra en art guldalder til en mistænkelig og sekulariseret variant af livs- og verdensopfattelser.

Det menneskelige gemyt er i den (livs)filosofiske tænkning, som Kant bringer for dagen, et centralt omdrejningspunkt, hvad angår hans opfattelse af livet som sådan. For Kant at se er "Gemüt" (latin: *animus*) selveste livsprincippet. Ordet oversættes også typisk til bevidsthed, mental tilstand eller sjælen.[55] Imidlertid skal det hos Kant nok snarere opfattes

---

eksempel: *Way to Wisdom: an introduction to Philosophy* (Jasper, 1960) og *Philosophy of Existence* (Jasper, 1971). Hvad angår Hadot, så er han specielt optaget af at omsætte den antikke filosofi til en række bud på måder at leve sit liv på. Se for eksempel: *Philosophy as a Way of Life: spiritual exercises from Socrates to Foucault* (Hadot, 1995).

[55] Specielt i sin bog *Kritik af dømmekraften* gør Kant sig disse tanker om forholdet mellem "Gemütlichkeit" og livet.

som en form for kropsliggjort sanseopmærksomhed og selvkærlighed, som udtrykker en evne til at påvirke den samlede sanseoplevelse.

Samtidig kan det give god mening, at det menneskelige gemyt således er tæt forbundet med udtryk som sensibilitet, forestillinger, forståelse og fornuft. Den menneskelige erkendelseskapacitet, nydelsestilstand og begærets funktion er udspring herfra.

Men hvad kan vi mon bruge disse overvejelser til i forhold til at komme nærmere en livserkendelse?

Hvilke tanker vækker dette?

Skriv ned her:

____

____

____

Vi kan opdele Kants opfattelse af "livet" i tre grupperinger:

1) Livet er et udtryk for naturens organiserede produkter (et naturligt begær)
2) Livets værdi vægtes i lykke og glæde
3) Livet er et kompleks forhold mellem krop, ydre forhold og det menneskelige gemyt.

Således kan vi etablere "Gemyttets livsfilosofiske matrix".

Gemyttets livsfilosofiske matrix

Mit liv og livets ontologi/epistemologi	Jeg begærer livet	Jeg forpligtes i livet	Jeg udforsker livet
Livet er smukt (æstetisk værdi)	Jeg gør mig sublime livsoplevelser		
Livet er værdigt (etisk værdi)		Jeg behandler livet ordentligt	
Livet er lærerigt (epistemologisk værdi)			Jeg erkender livet, som det er

Følgende spørgsmål kan være vigtige for at komme nogle skridt videre i forhold til ens eget gemyt (sindelag, karakter, mentalitet) og erfaringen af livet:

1. Hvordan begæres livet? (æstetisk set)
2. Hvordan føles livet? (etisk set)
3. Hvordan erkendes livet? (epistemologisk set)

Hvilke tanker vækker dette?

Skriv ned her:

____

____

____

Går vi et skridt videre i retning af den tænkning om liv, som Hegel udtrykker, så kan vi anspore følgende tvedelte livsfilosofi:

1) Livet er et spørgsmål om at være i live til forskel fra at være død, hvilket vedrører "det biologiske liv"
2) Det handler om at leve på nogle bestemte måder, for eksempel alene eller farligt, hvilket vedrører "mit liv".

Hegel udfolder, ligesom Kant, et livsbegreb, som søger at komme forbi et mere mekanistisk begreb om, hvad det vil sige at eksistere og være til. Med andre ord bygger de begge videre på nogle af de aspekter, som Aristoteles slog fast omkring sjælen og *enteleki*. Livet kan således kun forstås ud fra, hvor formålstjenligt det er, og som et led i en større sammenhæng.

Herved bliver livet anskueliggjort som en kamp og en strid, der vedrører en adskillelse og en kombination af modsatrettede kræfter (ligesom i øvrigt Friedrich von Schelling (1775-1854) også gør det i sin naturfilosofi).[56]

Livet bliver formuleret som en højere tilstand af naturlige kræfter. Gennem livets kamp fra fødslen går det mod sin egen død for endeligt at ankomme

---

[56] Schelling var en del af den tyske idealisme og romantiske bevægelse. Han var specielt på sine senere dage optaget af en art "positiv filosofi". Se for eksempel: *Filosofiske undersøgelser om den menneskelige friheds væsen og de dermed sammenhængende genstande* (Schelling, 2013).

til en tilstand af universel indifferens, hvilket er stedet, hvorfra det også opstår – og altså vender tilbage.

Her finder vi aspekter, som henter deres tankemæssige inspiration fra en tænker som Plotin (205-270) og dennes lære om livets udstrømning fra "Det Ene", men lignende tanker hører man også inden for mere nutidige spirituelle kredse.

Hvilke tanker vækker dette?

Skriv ned her:

____

____

____

Når vi kigger nærmere på Hegels livsbegreb, er det tæt forbundet med et universelt åndsbegreb, der vedrører en uendelig levende enhed, som alle ting og sager i sidste ende bebor, udspringer fra og vender tilbage til.[57] Hegel anlægger altså den erkendelsesmæssige pointe, at livet modstår forstandens endelige kategorier: Vi kan ikke fatte livet inden for vores forstandsmæssige forståelsesrammer, men vi kan erkende livet i sin fulde uendelige udstrækning med det, han betegner som fornuften. Inden vi kommer nærmere ind herpå, skal vi se på Hegels tænkning om livet som organisme, begreb eller subjekt og dets tredelte proces:

1. Livet har tre indre funktioner:
   a) *Sensibilitet (det almene)* – evnen til at opleve hele vores krop/værensform, dvs. at være i stand til at være ét med os selv (tesen)

   b) *Irritabilitet (det særskilte)* – i form af responsibilitet og muskulær reaktivitet, dvs. at være i stand til at komme ud af sig selv, blive genereret, komme ud af balance (antitesen)

   c) *Reproduktion (det individuelle)* – i form af selvopretholdelse og regenerering, dvs. at være i stand til at genoprette sig selv (syntesen).

---

[57] Således kan man fristes til at anslå, at Hegels hovedværk: *Åndens fænomenologi* (2005), egentlig er en "Livets fænomenologi", dvs. en filosofi om livets forskellige fremtrædelsesformer i og for en eller flere bevidstheder. Hegels begreb og tanker om "livet" gennemsyrer hele hans dialektiske tænkning og kan derfor findes i såvel hans hovedværk som i hans logiske skrifter.

2. Livet har en omverden, et omkringliggende miljø uden for sig selv,
   som fremstår i den pågældende organisme (objekt eller subjekt)
   som en mangel, et behov, hvorved den stræber efter at overvinde
   og konsumere samt assimilere dette i og for sig selv. Herved vokser
   den, og vi kan sige, at den pågældende organisme (objekt eller
   subjekt) kommer til sig selv igennem den anden/det andet (omkring
   sig).

3. Livet opnår et niveau af forsoning med sit eget andet og det
   element, hvorfra organismen (objektet eller subjektet) kommer og
   er opstået. Således opløser den sig på samme måde som dråben,
   der forsvinder i havet. Den levende organisme (objektet eller
   subjektet) eksisterer som sådan, så snart og så længe den forbliver i
   og som en eller anden form for modstand over for eller
   modsætning til sine omgivelser. Konsekvensen heraf er som følger:
   Organismens (objektets eller subjektets) livsmæssige klimaks er
   dens død, for når den aktive spænding og modstand fortabes,
   opløses livet – det være sig naturen, samfundet, fællesskabet,
   universet – i det almenes skød.

Hvilke tanker vækker dette?

Skriv ned her:

____

____

____

Det er klart, at en sådan tanke om det individuelles nødvendige død eller
ophævelse i det almene må provokere individuelt orienterede mennesker,
dvs. personer, som primært tænker og oplever sig selv som centrum for
verden. Det er derfor også oplagt at undersøge, hvordan og hvornår man
må se dig selv forsvinde i den sammenhæng, som man trods alt blot er en
lille forsvindende del af.

For så snart og så længe at man hele tiden formår at skabe og genskabe sig
selv, opnår man aldrig forsoning med det fuldkomne. Individet (i form af
egoet) lever nemlig udelukkende som en modsigelse, hvilket, ifølge
ovenstående logik om livet, må nødvendiggøre, at det og vi skal dø for at
kunne fuldendes som liv.

Og netop dette øjeblik, eksistensens dramatiske højdepunkt, samt hele oplevelsen af det faktisk levede liv med alle de vanskeligheder og krumspring et sådant nødvendigvis må indebære, er åbningsreplikken til Søren Kierkegaard, der, som langt de fleste intellektuelle udi humanvidenskabelige emner som filosofi, teologi og psykologi, blev stærkt påvirket af den Hegelske tænkning.

Kierkegaard lod sig rive med af tænkeformen, men han formåede også at iklæde den andre indholdsmæssige temaer som for eksempel valget, øjeblikket, springet, angsten, fortvivlelsen som værende særlige eksistentielle grundvilkår i det menneskelige liv.

Således befinder vi os ved de skelsættende momenter i menneskets individuelle tilværelse, hvor vi skal overveje, hvordan vi kan komme videre med os selv; dér, hvor vi skal træffe en afgørelse.

Ifølge Kierkegaard er disse øjeblikke altid stærkt betydningsfulde, og i dem indvarsles også muligheden for et spring med den ængstelighed og fortvivlelse, dette måtte indebære. Her vakler vi, her sker vi i mødet med en skæbne, en åbning af de 70.000 favne, i en art eksistentiel svævende tilstand, hvor man knap nok har sig selv at gøre godt med.

Kierkegaards stadielære, de såkaldte eksistentielle livssfærer, synes at være inspireret af den kantianske tredeling i forholdet til livets værdi og værdighed samt Hegels dialektiske procestænkning, som skildret ovenfor.[58]

Hvilke tanker vækker dette?

Skriv ned her:

____

____

____

____

[58] Hvad angår Kierkegaards såkaldte stadielære, kan der siges en del. I kort form omhandler disse tre "eksistenssfærer" dels nogle usammenlignelige livsgrundlag, hvorpå og hvorfra mennesket bebor sig selv og sit liv, og en væsentlig pointe i den forbindelse er, at overgangen imellem foregår via kvalitative spring, som typisk er forbundet med høj grad af ængstelighed. Som regel omtales de som henholdsvis 1) det æstetiske livsgrundlag, 2) det etiske livsgrundlag og 3) det religiøse livsgrundlag. Og det er nogle temaer, som Kierkegaard vender og drejer og tilføjer varianter af gennem sit forfatterskab.

Vi kan nu med Kierkegaards tanker indfælde en eksistentiel tematik i Kants og Hegels tanker om livet med henblik på at undersøge, hvad det er, som holder os tilbage fra at komme videre mod individets ophævelse i det almene og dermed den fuldbyrdede livserkendelse nærmere.

Dialektisk eksistens-matrix

Det eksistentielle møde med livet / Livs-stadier	Hvad kendetegner det væsentlige øjeblik her?	Hvad kendetegner det væsentlige spring her?	Hvad kendetegner det væsentlige valg her?
Stadie 1: Det æstetiske livs erfaringssfære (verden 1)			
Stadie 2: Det etiske livs erfaringssfære (verden 2)			
Stadie 3: Det religiøse livs erfaringssfære (verden 3)			

Du kan nu undersøge med dig selv, hvad der muliggør, at du kan være i øjeblikket, springe og dermed træffe valget om at komme videre.

Hvad er det, som forhindrer dig i det, dvs. at du bliver hængende?

Jeg bliver hængende, fordi:

____

____

____

Jeg kommer videre, fordi:

____

____

____

I forhold til at blive hængende kan vi låne nogle betegnelser fra Kierkegaards forfatterskab, der vedrører den "indre dæmoni", som sikrer sig, at vi hver især forbliver "fastlåst".[59]

Du skal derfor i det nedenstående indkredse "de dæmoniske formationer", som holder din frihed i baglås, og uddybe deres kendetegn i forhold til "det organiske liv" (jf. Hegels figur):

Dæmonisk organisme-matrix

Dæmonisk forfatning/ Organismens livsproces	Den almene sensibilitet *Hvordan reagerer omgivelserne herpå?*	Den særskilte irritabilitet *Hvordan mærkes løsrivelsen?*	Den individuelle reproduktion *Hvordan opleves fornyelsen?*
Overspændthed			
Hysteri			
Hypokondri			
Fortabthed (dyrisk set)			
Tungsind (viljen hertil)			
Ensomhed (angstens socialitet)			
Ofring (nedtrykt vilje)			
Magelighed			
Nysgerrighedens tomgang			
Selvbedrag			
Fornem ignorance			
Dum travlhed			

Som Kierkegaard bemærker det til sidst i *Sygdommen til døden*, skal vi: "hvile i den tilstand, hvori der slet ingen fortvivlelse er, nemlig at grunde gennemsigtigt i den magt, som sætter en; troen".[60]

Hvordan hænger din ængstelighed ved eller tilbageholdenhed med at komme videre sammen med din eksistentielle fortvivlelse?

---

[59] Disse betegnelser er hentet fra Kierkegaards bog: *Begrebet Angest* (2004).
[60] *Sygdommen til døden* (Kierkegaard, 1964).

Sæt kryds i de kvadranter i "Fortvivlelsens matrix", som du kan genkende i og som dig selv i forhold til dér, hvor du befinder dig i din selvbevidsthed og livserkendelsesproces.[61]

Fortvivlelsens matrix

Skikkelser og former for fortvivlelse (bevidsthedens tvedeling)	Den uegentlige fortvivlelse; *ikke at være sig bevidst om at være fortvivlet*	Svaghedens fortvivlelse; *ikke at ville være sig selv*	Trodsighedens fortvivlelse; *at ville være sig selv*
Fortvivlelse som mulighed			
Fortvivlelse som virkelighed			
Endelighedens fortvivlelse (at mangle uendelighed)			
Uendelighedens fortvivlelse (at mangle endelighed)			
Mulighedens fortvivlelse (at mangle nødvendighed)			
Nødvendighedens fortvivlelse (at mangle mulighed)			

Hvilke tanker vækker dette?

Skriv ned her:

____

____

____

---

[61] Den årvågne fagfilosof vil formentlig bemærke, at Kierkegaard her bruger de underkategorier, som Kant udvikler inden for forstandens begreb i sin erkendelsesteori, dvs. hele den "nye" form for logisk tænkning, som Kant betegner modallogik. Ifølge Kant definerer netop "mulighed", "nødvendighed" og "eksistens" modalitetstænkningen inden for forstandens kategorisering.

Således skal du nu mærke efter med dig selv, besinde dig, fordybe din opmærksomhed i retning af følgende forhold i dig selv og samtidig være ærlig omkring graden af uegentlighed, svaghed og trodsighed i dine svar:

1. I hvilken udstrækning er fortvivlelsen en mulighed eller en virkelighed i dit liv?

____

____

____

2. I hvilken udstrækning mangler du endelighed og uendelighed i dit liv?

____

____

____

3. I hvilken udstrækning mangler du mulighed eller nødvendighed i dit liv?

____

____

1) Så hvordan kommer du videre herfra ud?
2) Hvordan kan en art overvindelse og en sejr over den eksistentielle fortvivlelse og fundamentale eksistentielle ængstelighed lade sig gøre andet end, som Kierkegaard foreslår, at lære at danse i angsten og hvile i troen?
3) Kan vi mon med Nietzsches filosofi om livet komme nogle enkelte skridt i retning af en livserkendelse?

Hvilke tanker vækker dette?

Skriv ned her:

____

____

____

På tværs af hans bøger og aforismer hører vi Nietzsche gennemgående omtale "livet" i store og beundrende vendinger, formentlig fordi hans "program" gennemgående må siges at være en lang kritisk bemærkning til den akademiske filosofi, som netop tager livet ud af begreberne, tænkningen og filosofien.

Nietzsche er fortaler for livet i al dets fylde, voldsomhed og kraft og tænker da også, at "det alt for menneskelige menneske" lider under livets råhed og fundamentale meningsløshed, der, som han ser det, for eksempel tager form i en art slavemoral af undermenneskelig og nedværdigende art.

Mennesker, som er bærere af nag, modvilje og indestængte frihedsimpulser, er grundlæggende livsbenægtende og oplever deres bevidsthedsmæssige rum som fyldt med skyld, dårlig samvittighed og hvad dertil hører.[62]

I denne form for livsfilosofisk tænkning erfarer vi livskraften og livets frisættelse, hvor det formuleres og tænkes i egenskab af en magtvilje, en vilje til at kunne gøre mere. Det menneske, som gør, handler og kan gøre noget, kan siges at leve i overensstemmelse med livets princip, som er overvindelse, mestring, sejr, rå ekspansion.

Hvilke tanker vækker dette?

Skriv ned her:

____

____

____

Pointen fra disse slagkraftige livsfilosofiske fordringer står dig nu forhåbentlig klar:

Du skal kaste dig ud i livets vold og pragt.

Alternativt kan du bare bure dig inde i sociale og ensomme spændetrøjer og arbejde med begrebsmumier og kalkerede kategoriale filtre af mere indtørret art.

---

[62] Her trækker jeg fra Nietzsches tanker i: *Moralens oprindelse* (1999), *Menneskeligt alt for menneskeligt* (2013), *Afgudernes ragnarok, eller hvordan man filosoferer med hammeren* (1999), *Ecce Homo* (1999), *Hinsides godt og ondt* (2002), *Antikrist, forbandelse over kristendommen* (1994) samt *Den muntre videnskab* (1997).

Følg livets aktive kræfter, og overvind dig selv i form af de reaktive kræfter, som altid holder os tilbage fra at udfolde os bare en smule mere, komme lidt længere ud af hulen, ud i verden – ikke nødvendigvis til det hinsides, men netop ud i det liv, som er her lige nu.

Giv jorden sin mening tilbage; overvind angsten, brug fortvivlelsen aktivt, anvend fortolkningskraften, vær det overmenneske, vi som art er skabt til at kunne blive.

Hvilke tanker vækker dette?

Skriv ned her:

____

____

____

Når vi således begiver os videre ud ad disse aktive nihilistiske spor, som Nietzsche ansporer, må vi anskueliggøre livet i forhold til den verden, som åbenbart for alle levende væsner er et vilkår: omverdenen, livsverdenen.

Og dette ganske uanset om omverdenen betragtes som en logisk nødvendig "livsverden" i bevidsthedens intentionalitet (jf. Husserl), som en ufravigelig sammenvokset hybrid mellem sprogspil og livsform (jf. den sene Wittgenstein) eller som en form for sociologisk livsverden, der koloniseres af systemet (jf. Habermas).

Vi må se på, hvordan den tyske fundamentalontolog Martin Heidegger opfatter "livet" og dets tætte sammenvævning med en faktisk væren-i-verden.

Lad os derfor begive os i retning af Heideggers analyse af tilværelsen (*Dasein*) i hans hovedværk: *Væren og tid* (1927) og se, om vi kan blive klogere på, hvad der kendetegner såvel en egentlig som en uegentlig eksistensform, hvad en verden er, hvilken funktion angsten kan have, samt hvorpå et faktisk liv beror.

Når Heidegger forbinder livet med verden i en sådan grad, at vores liv *er* vores verden, og at vi altid allerede er dybt involveret heri som et levet liv, trækker det selvsagt aner fra den livsfilosofiske tænkning op gennem 1800-tallet med tænkere som Dilthey og Nietzsche, men også Aristoteles, Kant og Hegel præger Heidegger i hans måde at betragte verdensbegrebet på.

Som en reaktion mod Husserl, der ifølge Heidegger forekom at glemme det faktisk levede liv i sine studier af bevidsthedslivet, sigter Heidegger på at fremskrive et verdensbegreb, der netop ikke er en idé eller en forestillet verden, men som udtrykker, hvilke betydningsbærende komponenter i form af tegn og handlinger der samlet set udgør en levende grunddynamik i en væren-i-verden.

Således kan man sige, at Heideggers filosofi om "verden" samtidig er en fremstilling af en væren-i-livet og dermed en fænomenologisk erfaret beskrivelse af de ontologiske forhold ved det at eksistere og være til som erkendende væsen.

Store dele af Heideggers hovedværk (*Væren og tid*) sigter således på at tydeliggøre, hvilke såkaldte eksistentialer der kendetegner livet, dvs. hvilke nødvendige grundforhold der er forbundet med at være i live, og som samlet set danner en praktisk betydningssammenhæng.

Denne tænkning var i overensstemmelse med Aristoteles' tanker om naturens fornuftsmæssige kausale sammenhæng og Hegels tanker om det absolutte systems udfoldelsesproces fra potentialitet til aktualitet.

Heidegger fremstillede dels nogle bud på, hvad der kendetegner et egentligt og et uegentligt liv, hvor sidstnævnte spiller på forskellige former for fremmedgørende aspekter i livet, som for eksempel når "man" bliver den styrende form for livserkendelse, dvs. at man erkender livet, som man nu engang gør, altså følger normen og kulturen.

Og endvidere kan man læse sig til, hvordan en grundlæggende interesse, omhu (*sorge*) både vedrører og kendetegner tilværelsen som sådan, dvs. en optagethed af, både hvad der er, hvordan der er, samt hvem der er, hvilket danner og reproducerer forbindelseslinjer i form af en art henvisningshelhed tingene imellem, således at hele verdens tegnsystem samtidig også udgør en konkret brugssammenhæng.

I den forstand er verden og dermed livet ifølge Heidegger kendetegnet ved en høj grad af praktisk og teoretisk beskæftigelse, hvorved bevidsthedsbegrebet sådan set blot får karakter af at udgøre den viljeskraft, der, i form af en intentionalitet, udgør den aktive forbindelse mellem de forskellige brugsgenstande (*pragma*) og tegnsystemerne (*semion*).

I dette livsbegreb, som en art altomfattende kommunikativ kontekst og socialt system, synes der imidlertid at blive ansporet til en dyster og melankolsk hjemlængsel. Selveste værens-erfaringen fortabes i denne verdens larm og trængsel, hvor det egentlige liv synes at blive fordunklet. Det kan sammenlignes med at miste erkendelsen af livet i sit inderste væsen.

Heidegger formulerede flere steder, at mennesket bebor og bebos af verden i en fortrolig og brugende omgang med tingene (genstande og fænomener) og tegnene (sproget), men det sker åbenbart på bekostning af noget, da hele denne hjemlighed synes at afstedkomme et tab af mere metafysisk art – ofte omtalt som værens-erfaringen – og glemslens heraf.

Erfaringen af angsten og intetheden er af samme grund uden tvivl grænseoverskridende. Her mødes nemlig en *andethed*, der hverken kan håndteres eller betegnes, men som snarere dels minder mennesket om dets endelighed og verdens forgængelighed, dels indvarsler erfaringen af en grundløshed; en ontologisk erfaring.

Fra Heideggers livsfilosofiske perspektiv må vi konstatere, at vi altid allerede befinder os på en eller anden bestemt måde, og at vi på denne baggrund kun kan kaste et endeligt antal mulighedsfelter frem foran os, dvs. forstå situationen ud fra, hvordan man har det i den sammenhæng, hvori man er indlejret. Et sådant livsperspektiv forekommer formentlig plausibelt og dækker samtidig over erkendelsen af, hvad livet er i sig selv.

Hvilke tanker vækker dette?

Skriv ned her:

____

____

____

Pointen er imidlertid her, at den fortrolighed, hvormed den menneskelige bevidsthed åbenbart bebor og bebos af sin verden, har den bagside, at det næppe er sin sag at fjerne sig fra de almindeliggjorte tegn og handlingsmæssige gøremål; kort sagt kræver springet ud af hulen en forladelse af hele (sin) verden.

Endda i en svævende, grundløs angst, et møde med en fundamental meningsløshed, der dels indvarsler en åbning mod områder, hvor tegnene ikke kan nå hen (jf. Wittgenstein: "Mit sprogs grænser er min verdens grænser"), dels nedbryder hele den perciperende bevidstheds selvbillede.[63]

---

[63] Man kunne selvsagt også have inddraget Ludwig Wittgenstein (1889-1951) (ligesom så mange andre) og hans tanker om for eksempel sprogspil og livsform. Se for eksempel: *Filosofiske undersøgelser* (1999).

1) Hvordan kan vi mon give slip og forlade den fortroliggjorte verden, der åbenbart samtidig udgør en overtegnet spændetrøje, og lade angsten, som værens-erfaringen er, udgøre det smuthul, det forsvindingspunkt, hvorigennem verden forlades, og forsvinde gennem det nøglehul, hvor vi kan springe ud og blive *til-intet-gjort*?
2) Hvilken vej skal et menneske følge, hvilken dæmon skal slippes eller lyttes til, hvilken livskraft åbnes, hvilken død, og genopstandelse, skal erindres, indfries og følges?

Iagttag nedenstående model som dit livsfilosofiske spejlbillede, og gå på opdagelse i hvert område.

Det livsfilosofiske spejlbillede

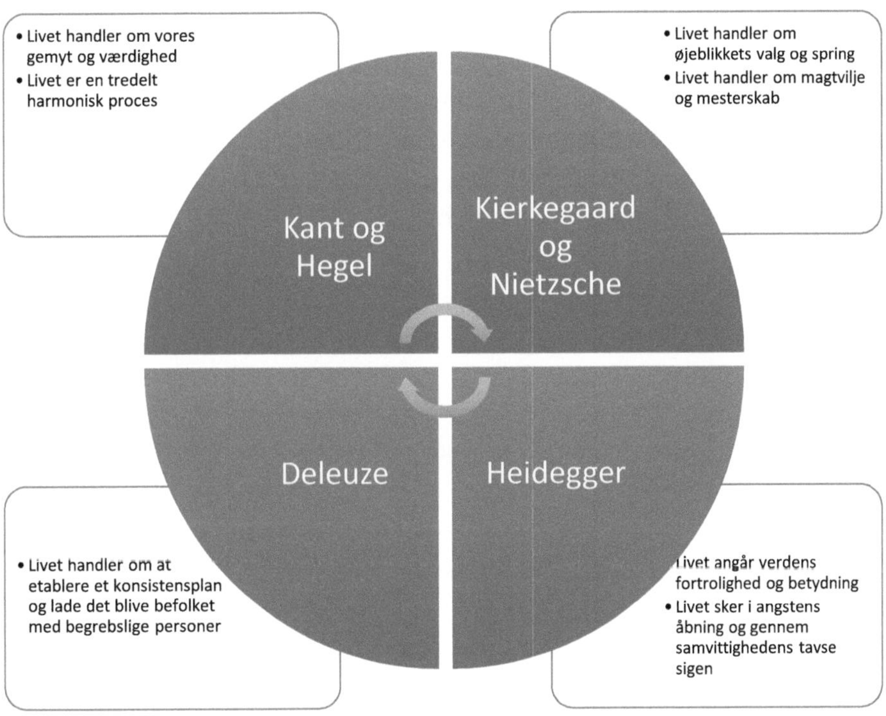

Nedskriv dine tanker om dette ovenstående perspektiv

____

____

____

____

Optiske perspektiver

Udforsk de ovenstående respektive zoners udtryk, og nedskriv, hvordan de klinger i dig; hvad siger de til dig?

Gå tilbage i dette bind, og (gen)opdag yderligere dimensioner at tænke igennem.

Det kan være en stor mundfuld, men jeg tilbyder dig her en strategi med inspiration fra Deleuze og Guattari[64], som kan bidrage til måder at genlæse dette bind (og dit liv samt bind 1) på og dermed arbejde med dit/det livsfilosofiske spejlbillede.

Læsestrategien er et eksperiment, og den udtrykker en dyb interesse i Deleuzes og Guattaris storslåede projekt om at tilbyde, hvad de kalder for en skizo-analyse.[65]

Lad os se, hvordan vi kan udfolde deres opfattelse af henholdsvis tre forskellige slags linjer og tre forskellige former for rumlighed i en matrix, hvori der dermed åbnes mulighed for ni forskellige optikker eller kontemplations- og refleksionsfelter, som er måder at gå tilbage i kapitlet (og i livet) med henblik på at (gen)skabe, (gen)fortælle og (gen)opdage samt (gen)oprette – regenerere – hvad, hvordan og hvorfor livet er.

Hvilke tanker vækker dette?

Skriv ned her:

____

____

____

---

[64] Hvad angår læsestrategien, er inspirationen nærmere bestemt en fortolket og bearbejdet sammenskrivning af nogle hovedpointer fra de fascinerende bøger af Deleuze og Guattari: *Anti-oedipus* (2003) og *Tusind plateauer* (2005), der begge bærer den gribende undertitel: "Kapitalisme og skizofreni". Derudover lader jeg mig også her inspirere af den dialogrække, som Deleuze og Claire Parnet havde med hinanden, hvoraf en del er udgivet i: *Dialogues II* (2012) (og en del er at finde som Youtube-uploads i øvrigt).

[65] Et "program", som de allerede slår sig op på i deres første samarbejde i bogen *Anti-oedipus* (2003). Her tilbydes *skizo*-analysen som et vægtigt, filosofisk alternativ til – og kritik af – *psyko*-analysen, som formentlig i sidste ende sigter efter at udvide skyklapperne og skabe plads og rum for tankefrihed.

Lidt om de tre (livs)linjer:

1) *Segmentlinjen* betegner et sammenhængende forløb og en begrundet retning, som fx en asfalteret motorvej, hvor retning og skiltning er tydelig, og hvor afstikkere samt afvigelser nærmest er umulige – typisk forbundet med kontrol, lineære processer, m.m.

2) *Molekylærlinjen* betegner en springende proces, der ikke hænger sammen, men som alligevel aftegner en rute, som for eksempel at springe fra tue til tue eller fra sten til sten over en bæk. Hvert trin er vigtigt og kræver stor opmærksomhed, og det bærer i sig selv en vigtighed og udgør en betydningsbærende komponent; her kan vi falde, og der er mere at risikere langs disse ruter.

3) *Flugtlinjen* er kendetegnet ved at være en ren afstikker, som oftest uforudsigelig og med høj hastighed, som at lynet farer i os, eller at vi stikker afsted med frie associationer. Denne linje kører på overdrevet, ved hegnet, langs voldene, og aldrig i markens plovfurer, og hvis den gør, bevæger flugtlinjerne sig på tværs af markens mønstre. Her lægger vi skinnerne, mens vi kører.

Linjerne udgør også planer og dermed flader og en todimensional geometri; de viser en bevægelses retning – frem eller tilbage (progression eller regression), mere eller mindre lige eller ujævne, sammenhængende eller uregelmæssige.

Rummene arbejder som bekendt med en tredimensional geometri, der samtidig muliggør, at noget og nogen kan befinde sig heri; rummene kan derfor bestemmes som stedet, hvori fortolkning, refleksioner og forståelse kan foregå.

De viser en dybde – det sted, vi bærer med os og opholder os i, templet, det refleksive refugium, som sneglens bo/hus, og handler således om økonomien (dvs. husholdningen, jf. det græske *oikos*) i erkendelsesprocessen.

Et stribet rum er således en tredimensional udfoldelse af segmentlinjen, og så fremdeles.[66]

---

[66] Herved rammer forholdet mellem linjer og rum det græske begreb om "metode" ganske godt, nemlig som meta-hodos, hvor "hodos", der henviser til vejen at gå i sin erkendelsesproces, sigter på linjerne, og "meta", der har med den refleksive kapacitet at

Lidt om de tre (livs)rum:

1) *Det stribede/furede rum* udgør et prædisponeret rum, der for eksempel arbejder med koder fra en given faglighed, forståelsesramme, diskursiv orden, m.m., således at en given oplevelse reflekteres ind i og i forhold til nogle allerede givne fortolkningsregistre. Et sådant rum kan spænde fra en meget simpel sort/hvid-distinktion, dvs. enten/eller til en høj grad af kompleksitet. Det er et såkaldt avanceret fortolkningsapparat med mange teoretiske komponenter til at nuancere den givne hændelse, oplevelse, m.m. Men fortolkningsregistret ligger fast som et gitter, en struktur, som vi lægger ned over det, vi vil forstå. Et sådant fortolkningsrum kan være mere eller mindre bevidstgjort og tilsigtet (a la forforståelser). Planen er fastlagt, udfaldet forudsigeligt.

2) *Det suspekte rum* udgør potentielle overraskelser således forstået, at vi måske finder en kattelem, et rum, et andet niveau, der åbner sig neden under eller bag ved det udtrykte sprog eller den umiddelbare hændelses fremtrædelse. Men vi kan også stige til vejrs, dvs. finde en trappestige, der fører til et skjult loftsrum. I den forstand er dette rum umiddelbart mere dunkelt og uklart, men gemmer som regel på en række fordybninger, tilbygninger og bagvedliggende lokaler. Det har hermed mere labyrintisk karakter og forekommer derfor mere barokt og surrealistisk og knap så rationelt stringent som det stribede rum.

3) *Det glatte rum* er grundlæggende et åbent rum uden nogen holdepunkter og dermed heller ingen steder at stå og anskue de pågældende begivenheder fra. I den forstand er fortolkningsrummet tømt for teoretiske, meningsgivende komponenter og handler derfor snarere om at blive gjort, tænkt og læst end omvendt; det er sådan set utopisk (jf. det græske *u-topos* = ikke-sted). Her er således ingen aftegninger, forforståelser eller analyseapparatur, men derimod det, vi via sproget kan komme nærmest den rene åbenhed: grænseløsheden som en umiddelbar, uformidlet registrering af det skete.

---

gøre, sigter på rummene. Således udgør "den transversale læsematrix af livet" ni forskellige metoder (forstået som refleksive erkendelsesveje).

Den transversale læsematrix af livet[67]

Linjer/Rum	Stribede/furede rum (fastlagt og fastlæggende fortolkningsrum)	Suspekte Undergrundsrum (flydende og dynamisk fortolkningsrum)	Glatte rum (åbent og grænseløst fortolkningsrum)
Segmentlinjer (Sammenhængende struktur)	1a Skakspillet i kubikmål	1b Pladsen med brønddæksler	1c Motorvejen under åben himmel
Molekylære linjer (Springende knopskydning)	2a Spring på tuer i et terrarium	2b Forsigtige hop på sten i grotten	2c Skiftende trin i marsklandet
Flugtlinjer (Afvigende afstikkere)	3a Gennembrydning af fortolkningsrummet	3b Flugt ind i undergrunden	3c Forsvinding udi det åbne

Lad os tage de ni optikker – en ad gangen – i det følgende:

- **1a. Skakspillet i kubikmål:** Hvis du vælger at genlæse bindet (og dit livs tekst), skal du gå systematisk til værks og fremdrage hovedlinjer, den røde tråd, gennem at arbejde fra og med et præstruktureret fortolkningsrum. Således får du styr på og kontrol over hovedlinjerne i kapitlet (og dit liv). Du vil typisk kunne få udarbejdet et sammenskrevet resumé i hovedtræk.

- **1b. Pladsen med brønddæksler:** Ud over at fremdrage hovedlinjerne skal du samtidig indskrive en form for dybde-hermeneutik, dvs. nærmere udforske og gisne om, hvad der mon ligger bag teksten (eller det, der sker og er sket i dit liv). I det

---

[67] Begrebet om "det transversale" udvikles af Deleuze og Guattari både hver for sig og i deres tætte samarbejde gennem de fire bøger, de i alt får skrevet sammen. I udgangspunktet sigter det efter at udfordre og erstatte begrebet om *transference* (overførsler mellem typisk terapeut og klient), og har som mening: 1) det tværgående, dvs. at tænke på tværs, 2) skabe anderledes forbindelseslinjer, fx hvad angår diskursive krydsninger og genremæssige sammenblandinger, 3) transversaler, som hentyder til det, der skrives med stort, fx Næsten, Gud, etc., med henblik på at opstille en kritik af disse "paranoide ansamlinger og kalkerede opsugningspunkter", og 4) som et begreb, der går på tværs af kategorier, fx værens-begrebet, der må siges at figurere i alle former for kategoriale tilfangetagelser, for så vidt at det, man nu end har fået kategoriseret, også er. Jeg ynder selv at betragte det som en art uforudsigelig "diagonal mobilitet".

suspekte befinder både det delikate, dunkle og endnu ikke tænkte sig. Med andre ord bliver det her muligt og tilladeligt at lægge mere i det, der står skrevet. Åbner du for noget af det rum, der viser vejen under overfladen, vil du kunne finde nye betydningslag i det skrevne og i det skete i dit liv. Dobbeltklik på brønddækslet.

- **1c. Motorvejen under åben himmel:** Du har fremdraget hovedlinjerne og indskrevet dybde-hermeneutikken, men du har ingen kontekstmarkører og etablerede fortolkningsrum. Således opererer du nu via en art analytisk glatbanekørsel, hvor fortolkningsrummet står åbent og dermed som røde linjer uden fastlagt refleksionsapparatur. Prøv at se, hvordan det er at køre på motorvejen i mørket med kortsigtet lys på … Du skal nok komme frem og igennem mørket. Bare derudad under den åbne himmel.

- **2a. Spring på tuer i et terrarium:** Når du bevæger dig langs de molekylære linjer, vil du formentlig blive grebet af, hvordan en del udtryk og begivenheder hopper, danser og bevæger sig i et relativt fastlagt rum for fortolkning. Det er bare, som om alle disse ord og begreber, hændelserne, ikke rigtig kan falde til ro, og at de nærmest som hoppebolde med forskellig konsistens, tyngde og kraft bevæger sig rundt ad uforudsigelige mønstre og ruter inden for rammerne af fortolkningsapparatet, som ikke desto mindre står klart og tydeligt, hvad angår dets perspektiver, synspunkter og refleksive strækninger på de sprælske emner i kassen. De er bare svære at få på plads. Her hopper du rundt i et velkendt miljø, og ikke desto mindre virker undergrunden, dvs. det, du står på, som levende og i bevægelse.

- **2b. Forsigtige hop på sten i grotten:** Du må løsne lidt op for den faste fortolkningsramme ved at stirre dig blind på de flimrende tegn og tekstpassager og lade dit ufokuserede blik få nogle underliggende udsagn til at komme til orde. Du skal stille dig så tilpas åben langs fortolkningsrummets horisontlinjer, at denne bevægelighed lader potentielle knopskydninger i det skrevne og det skete komme til syne og orde. Med andre ord må du vænne dit blik til mørket (eller det nye lys) og begive dig forsigtigt afsted ad ikke snorlige linjer.

- **2c. Skiftende trin i marsklandet:** Stiller du dig maksimalt åben for, hvad der står skrevet i kapitlet, og hvad der er sket i dit liv, vil det forunderlige kunne indtræffe. Du vil dels få oplevelsen af at kunne forblive åben på den yderste bevægelsesakse af perspektiver på sagen, dels vil du opleve, at de specifikke udsagn og hændelser (dvs. de betydningsbærende tuer) kan frisættes og få din tænkning til at strømme ad andre registre end normalt. I dette kontemplationsfelt, på dette plan, er der en høj grad af mobilitet og frisættelse af ordenes og begivenhedernes betydning. Du begiver dig således rundt i det åbne marskland, uden landkort ad ruter, du ikke kender. Hold øje med, hvor du træder.

- **3a: Gennembrydning af fortolkningsrummet:** Her er der noget inden for det etablerede fortolkningsrum, du arbejder med, som du ikke kan få på plads. Det fremstår derfor enten som tangerende det pågældende fortolkningsrum, eller det virker, som om det ligefrem flygter fra det. Det, som således forlader eller ikke kan indpasses i det indrammede fortolkningsapparat, skal du følge og se, hvor fører dig hen, og hvad det bevirker. Lad åbningerne føre dig afsted, gå ud over landkortet, søg overdrevet, gennem nøglehullet …

- **3b. Flugt ind i undergrunden:** Her vil en art dybere dimensionalitet åbne sig, hvorved vi må anslå, at de flygtende (gen)læsninger af kapitlet og dit levede liv vil møde og strejfe nogle suspekte anlæg, som ikke umiddelbart stod beskrevet, betegnet, eller som du erindrede. Herved bliver dels erindringssporet forstyrret, og en del tvetydige og ligefrem mangetydige fortolkningsmuligheder vil med rasende fart bryde med en kultiveret konsensus og diskursiv orden. Samtidig vil dette kontemplationsfelt illudere en dybdegående manøvre i form af nogle tilbundsgående og isoleret set kontante stikprøver. Du vil kort sagt lade dig blive boret ind i nogle skygger af det fremstillede og skete i dit liv. Sørg for at kunne komme tilbage, således at du ikke fortaber dig for meget i en given detalje. Pas på kaninhullet … Alice in Wonderland …

- **3c. Forsvinding udi det åbne:** I udgangspunktet forekommer det her umuligt at fortolke, forstå, skabe og fortælle, hvad der er sket i kapitlet (og i dit liv), når rammerne for fortolkningen står på vid gab, og fortolkningsprocessen hverken er struktureret eller knopskydende. Dvs. nu er der ingen fornemmelse af, hvorvidt

bevægelsen går frem eller tilbage; om den er progressiv eller
regressiv, retningssansen er også forsvundet, og sammenhængen
ophørt. Imidlertid er det muligt at stille dig selv og dit refleksive
apparat (fortolkningshorisonten) så åbent i bero, at de afvigende
afstikkere i teksten og det skete i livet kan komme til orde og til
syne. Således begynder begivenhederne og sætningerne
(hændelserne og begreberne) at sige dig noget. Du læser ikke
længere kapitlet eller livets tekst, men teksten læser dig; den
fortæller dig, hvad der står, og hvad der skete. Kort sagt: Du har helt
og aldeles forladt meningstilskrivningen og stiller dig fuldt ud til
rådighed for at kunne blive fortalt af tekst såvel som af liv. Netop
her forsvinder du ud i det åbne og lader uendeligheden tale til dig …

Når du således igen (og igen) lykkes at gå til grænsen for konsistensplanet,
og komme tilbage med røde øjne, møder du det problem, som filosofien
konstant døjer med, nemlig: "at opnå konsistens uden at miste det
uendelige, hvori tanken dykker ned."[68]

Hvilke tanker har ovenstående perspektiv på livs-optikkerne vakt?

Skriv ned her:

____

____

____

---

[68] *Hvad er filosofi?* (Deleuze & Guattari, 1996, side 63) er den sidste bog, de får skrevet
sammen, inden Guattari får hjertestop, og Deleuze begår selvmord. Hvad angår de røde
øjne, sigter dette på oplevelsen af at stirre ind i kaos uden at lade sig indfange af en
paranoid tilskyndelse til at inddæmme kaos og give noget en mening. Hvor *para-noein*
tilskriver en erfaring af at være ved siden af fornuften, sigter *skizo-frein* på den splittelse,
kløvede adspredelse, der samtidig markerer den efterhånden så yndede
forskelsproduktion, når det gælder markeder i vækst, produkter, "at gøre en forskel", det
skelsættende, sprækken, bruddet, etc. Man kan måske i al ubeskedenhed anslå og håbe
på, at den i dette perspektiv foreslåede livs-læsestrategi kan danne en vægtig baggrund
for en kommende regenerativ "transversal terapi", der kan udgøre et vægtigt alternativ til
de dominerende psykologismer, som råder på markedet og i menneskers sind i dag. Vi bør
mindes Deleuzes ord om livet i en af hans sidste artikler: "Et liv er immanensens
immanens, den absolutte immanens; fuldstændig kraft, fuldstændig salighed." (udgivet i
oversættelse i *Kritik 118*, side 68 (Stjernfelt & Hansen (red.), 1995)).

Intermezzo: Gør oprør!

I et lille skrift fra 2010 står der bl.a., at: *"Det påhviler os alle, at sikre, at vores samfund forbliver et samfund, vi kan være stolte af … Det fælles bedste bør gå forud for enkeltinteresser. … Kløften mellem de fattigste og de rigeste har aldrig været så stor; jagten på rigdom, konkurrencen, aldrig nydt så stor ansporelse som i dag."*[69]

Budskabet her udgør et passende intermezzo i dette bind, nemlig indignationen, og appellen til at engagere sig: *"Jeg ønsker, at I alle, hver eneste én af jer, må finde jeres motiver til at engagere jer. Det er værdifuldt. Når noget harmer én … bliver man militant, stærk og engageret."*[70]

Det drejer sig om at rejse sig fra "den nødvendige surdej", nederlaget, og finde alle de anledninger til at blive oprørt, fortørnet og involveret. Vi har jo, som Sartre lærte os, alle et ansvar, som kræver, at man engagerer sig. Men vi er åbenbart ramt af et chok; erkendelsen af udfordringerne, omfanget heraf, hvis vi da i det hele taget ser tingene i øjnene; en ødelæggende orkan raserer – ligegyldigheden.

"Enhver har som medlem af samfundet ret til social tryghed og har krav på, at de økonomiske, sociale og kulturelle rettigheder, der er uundværlige for hans værdighed og hans personligheds frie udvikling, gennemføres ved nationale foranstaltninger og internationalt samarbejde og i overensstemmelse med hver stats organisation og hjælpekilder."[71]

Forbitrelsen gror, og som Hessel betragter det, er det håbets fornægtelse.

Det handler om, at man ikke må lade hadet vokse, og samtidig; *"overvinde konflikter ved gensidig forståelse og en altid årvågen tålmodighed."*[72]

Han slutter sit skrift af med: *"Og derfor kalder vi I dag til 'en ægte, fredelig opstand mod massekommunikationsmedierne, som ikke tilbyder vores ungdom andet end masse-forbrugerisme, foragt for de svage og for kulturen, almindelig glemsel og alles kamp til døden imod alle.*

AT SKABE ER AT GØRE MODSTAND. AT GØRE MODSTAND ER AT SKABE."[73]

---

[69] I den danske oversættelse fra 2011 tæller skriftet omtrent 38 sider. Sentenserne er taget fra side 8, 9 og 11 i: "Gør oprør" af Stéphane Hessel.
[70] Ibid., side 12.
[71] Ibid., side 19 (Menneskerettighedserklæringen, artikel 22).
[72] Ibid., side 26.
[73] Ibid., side 29.

DEL 2

Den regenerative kultur- og livsæstetik

På sporet af en regenerativ ledelses- og dialogpraksis

Det resonante liv; om at få tilværelsen til (igen) at knitre

Lad os begynde med de sociologiske nulevende mestre, og straks anslå at de, efter eget udsagn, kommer fra forskellige skolinger, nemlig for Rosas vedkommende; Frankfurterskolen, dvs. den normative sociologi, og for Reckwitz' vedkommende gælder primært Michael Foucault, og den mere deskriptive form for sociologi.[74]

Det gælder for dem begge, at samfundsteorier skal øge til, at vi reflekterer over de samfundsmæssige kriser, vi står midt i – *være impulser til drøftelse* – som fx den sociale ulighed, de politiske og økonomiske kriser, de psykologiske kriser og ikke mindst den eskalerende klimakrise.

Imidlertid gør en sådan krisevidenskab meget lidt ud af ledelse og lederskab, men tilstræber, ifølge Reckwitz, ikke desto mindre at levere værktøjer til håndtering af den sociale struktur og redskaber til kulturers livsførelsespraktikker samt dertil knyttede subjektiverings-former.[75]

Af hovedtemaer gælder; acceleration, resonans og ukontrollerbarhed (for Rosas vedkommende) og; subjektivitet, kreativitet og singularisering (for Reckwitz' vedkommende), og spørgsmål som: Hvad er det egentlig for et samfund, vi lever i? Og: Hvordan vil det menneskelige samfund udvikle sig?

Hvad tænker du umiddelbart i forbindelse med disse spørgsmål?

Skriv ned her:

____

____

____

---

[74] "Noget tyder på, at fransk sociologi er begyndt at bevæge sig i samme retning som den tyske." (*Senmoderniteten i krise*, note 1, side 28). Jeg har valgt ikke at gå i dybden med dette sociologiske og videnskabsteoretiske grundforhold, men snarere fremstille deres tænkning og tematikker samt opstille deres hovedpointer i retning af en nutids-diagnostisk syntese ved at gøre brug af følgende "fælles" bog af dem: *Senmoderniteten i krise. Hvad kan samfundsteorien bidrage med?* (2021/2022). Man kan med fordel læse sig nærmere ind i deres sociologiske tanker og analytiske diagnoser i disse: *Fremmedgørelse og acceleration* (2013/2014), *Resonans. En sociologi om forholdet til verden* (2016/2021), *Det ukontrollerbare* (2018/2020) (for Rosas vedkommende) og *Kreativitetens opfindelse* (2012/2020), *Singulariteternes samfund* (2017/2019), *Illusionernes undergang* 2019/2021) (for Reckwitz' vedkommende).
[75] Jeg har her valgt at fremdrage hovedpointer fra Anders Petersens forord til: *Senmoderniteten i krise*.

Det gælder for dem begge, at de mange samfundsmæssige kriser må og skal stimulere til (selv)refleksion, og at det økologiske felt og klimaforandringerne, forholdet mellem mennesket og dets naturskabte omverden, hele jordens geologi samt den ontologiske usikkerhed hos flere og flere, er noget som ligger dem en del på sinde.[76]

Reckwitz fokuserer på eskaleringen af det særegnes logik, dvs. konsekvenserne af at det almene og standardiseringerne forlades (og dermed det moderne), og at singulariserings-motorer ligefrem tvinger mennesker, teknikker, byer, det sociale, arbejdsverdenen, m.m., ind i taber-vinder konstellationer (via det dialektiske skisma; kontingensåbning-kontingenslukning uden formål), hvor kampene drejer sig om hele tiden at kunne være kreativ, skabe noget nyt og spændende, være anderledes, blive unik, have og udtrykke enestående meninger, være autentisk og dermed særegen, leve med en sjælden livskvalitet, m.m., med den konsekvens at skuffelses-erfaringerne over ikke at kunne indfri dette stiger, og at alle de mislykkede herved udsondres i det store singulariserings-kapløb.

Hvor Reckwitz således, på linje med Foucault, søger at afdække, afsløre og præsentere utilsigtede konsekvenser af en sådan senmoderne kulturs væremåde og tilblivelsesform, tilstræber han endvidere at fremhæve den afsvækkede normativitet i forbindelse hermed.

Hertil følger at Rosa tilbyder et tolkningsrum via hans analyser af de herskende kulturproblemer og sociale patologier. Han er med andre ord også optaget af at stille en diagnose af de grundlæggende kendetegn i det senmoderne samfund med henblik på at komme frem til et normativt funderet terapi-niveau, som kan udfolde alternative handlingsmuligheder.

Når den senmoderne kulturs konstante behov for at accelerere, vokse og være nyskabende, samtidig tærer på menneskers motivations-energi, dvs. opfyldelsens af vores inderste ønsker, med de bekymringer, ambitioner og ønsker dette afstedkommer og udtrykker, når senmoderne samfund drives af, at alting skal beherskes og kontrolleres, dvs. kunne have alting til sin rådighed og aggressivt tilegne sig sine omgivelser, medfører dette at drømmen om det gode liv (paradoksalt nok) bliver til en fremmedgjort væren-i-verden, som forstummer og bliver radikalt ukontrollerbar.

---

[76] Ibid., indledningen.

Den vækker ikke længere genklang, og vi står, ifølge Rosa, tilbage med oplevelsen af en monstrøs afmagt. Resonans bliver her fremmedgørelsens andet; en relationel relation, som kalder på en re-synkronisering.

Når Reckwitz nærmere bestemt *teorigør* opfatter han det helt igennem som et praktisk og fortolkningsmæssigt forehavende, som en slags kulturteknik til en generaliseret forståelse af verden. Således udforsker og fremstiller denne teoretiske praksis (med inspiration fra filosofien) anskuelser og analyser baseret i interesser omkring hvad det sociale er samt hvad der udgør senmoderne samfunds kendetegn.[77]

Han er med andre ord optaget af at give det store billede (ligesom filosofien har tradition for), som tilskynder til en samfundsmæssig "selvoplysning". Herved arbejder Reckwitz med teori som en praksis i form af en værktøjskasse, som, ifølge eget udsagn, repræsenterer;

"… dialektikken mellem kontingensåbning og kontingenslukning, rivaliseringen mellem det almenes og det særegnes logikker og mellem rationalisering og kulturalisering af det sociale samt en paradoksal tidsstruktur præget af 'det nyes overherredømme', af en tabsdynamik og en tidsmæssig hybridisering."[78]

I den forstand orienterer Reckwitz sig i en kritisk retning med henblik på at få tydeliggjort krisetendenserne i senmoderne samfund ved at gøre eksperimentelt brug af teorierne, hvilket han anser som havende en refleksionsværdi, fordi det anstifter og inviterer til refleksioner over den sociale verden, men også fordi denne social-ontologi, som en ontologi om den sociokulturelle verden, opridser konturerne til en (selv)oplysning om de menneskelige grundvilkår via specielt fokus på temaer som handlen, kultur, sprog, affektivitet, materialitet, strukturer og processer – i udveksling mellem socialteorien og filosofien.[79]

Kort sagt står Reckwitz på mål for at livs-videnskaberne skal stille et selvforståelsesvokabular til rådighed, hvor den teoretiske (selv)oplysning

---

[77] Ibid., s. 32-33. Her trækker han bl.a. på Weber, Durkheim, Habermas, Luhmann, Giddens og Latour, men er også kraftigt påvirket af bl.a. Marx, Simmel og Boltanski & Chiapello, Hardt & Negri, Deleuze & Guattari samt Bell og Bourdieu, m.fl.

[78] Ibid., s. 34.

[79] Reckwitz anfører følgende (note 7, s. 41) om sin aktualitetspræget samfundsbeskrivelse, nemlig som værende en tidsdiagnose, der er båret af en teoretisk interesse for systematiske begreber, synteser og så omfattende forklarings-hypoteser som muligt, hvilket overskrider grænsen mellem sociologi og filosofi – i lighed med pragmatismen, fænomenologien og poststrukturalismen (jf. note 3, s.37).

danner baggrund for praktiske bestræbelser som bl.a. kan tage sigte på den politiske udformning og individets reflekterede håndtering af sit eget liv.

Reckwitz opfatter på mange måder således sig selv som en kultursociologisk (sen)modernitets-tænker, hvis historiske forehavende sigter på og udfolder bevægelsen fra;

1) den borgerlige modernitet
2) over den industrielle modernitet
3) til fremkomsten senmoderniteten.[80]

Han opfatter moderniteten som;

"… den type samfundsmæssighed, hvis rødder strækker sig tilbage til begyndelsen af den europæiske modernitet, der siden 1700-tallet udviklede sig i takt med industrialiseringen, demokratiseringen, videnskabeliggørelsen, sekulariseringen og individualiseringen, og som på fredelig eller voldelig vis og i forskellige hybride blandinger har præget verden på globalt plan."[81]

I forlængelse heraf ser han samfundsteoriens og kultursociologiens samt socialfilosofiens primære funktion og ypperligste opgave som værende, at kunne fremstille begrebsmæssige refleksioner over hvad specielt kultur og magt er, hvilket indebærer synteser som kan absorbere forhold mellem økonomi, stat, politik, sociale grupperinger, idesystemer og vidensordner samt teknologier – i sidste ende med henblik på informativt at kunne forarbejde livsførelsens praktikker via de nye iagttagelser som det teoretiske perspektiv åbner for.

Den syntetiserende funktion rummer således en teoretisk merværdi, fordi den udvikler sine egne begreber som muliggør processer og transformationer, der kan forklare og afdække samt beskrive hvad der foregår gennem etableringen af nye samfundsnarrativer.

Således handler dette begrebs-mæssige overskud om, og er, ifølge Reckwitz, typisk et udtryk for, at udfolde en originalitet og kreativitet, som kan indstifte et *tableau* eller billede, hvis mønstre, terminologi og metaforer til sammen udgør en kompleks og systematisk

---

[80] Ibid., jf. hans matrice på side 116 som skelner mellem disse modernitetsformer i 3 kolonner med 13 tematiske fokusområder på den vertikale akse, hvilket giver i alt 39 analytiske og refleksionsfremmende rubrikker.

[81] Ibid., s. 38. Moderniteten har, ifølge Reckwitz, en udpræget evne til at transformere sig selv, som han skriver; *" … det moderne samfund er det første samfund, der tager det for givet, at dets institutioner og livsformer ikke er uforanderlige, men kan gøres til genstand for en politisk og sociokulturel omformning."* (s. 40).

fortolkningsmodus, der ikke blot anviser en selektiv fortolkningshorisont, men som også producerer en "verdensskabelse"; *en* ny og anden måde at (gen)skabe verden på.

Herved handler dette, ifølge Reckwitz, om, at være leverandør af intellektuelle impulser, som kan bidrage til (selv)refleksioner over eget liv; om at stille et erkendelsesstyrende (og intellektuelt) værktøj til rådighed, hvis evne til at inspirere hviler på, hvad det kan, som en slags eksperiment til at (re)generere interessante indsigter i helt nye konstellationer.[82]

Når jeg således i dette binds del 2, på linje med Reckwitz, går *prakseologisk* til værks via et offensivt socialteoretisk værktøj – og funderet i et socialontologisk perspektiv – betyder det;

"… at man uden problemer hele tiden kan arbejde videre med de styrende begreber på nye måder, kombinere praksisteorien med andre teoretiske udkast og bringe dem i samspil med nye genstande og begreber på overraskende måder."[83]

Det drejer sig således om (med kraftig inspiration fra Reckwitz og hans metode), at udfolde og anføre ensembler, foretage refleksive aktiviteter, bedrive uorganiske og organiske bevægelser, installere vidensordner, via kulturel diskursiv bearbejdning, dvs. at organisere virkelighedens praksis og aktivitet udført af kroppe og ting, i et meningsfuldt nexus af handlen og tale.

Jeg tilstræber (og tilstår) herved med andre ord, at jeg, på linje med Reckwitz, dermed tilbyder og tilvejebringer en genuin, emergerende ledelsesfilosofi, en filosofi om det regenerative lederskab, som kritisk kan reflektere og appliceres på en generel og en specifik social (ledelses)praksis, der, som en anden organisatorisk kulturteknik, og som en

---

[82] Jeg går på linje med Reckwitz i dette binds del 2 ligeså offensivt til værks i forhold til at "lege med teorierne", dvs. det begrebsmæssige netværk, som læserne kan "spinde videre på", et begrebsnetværk, som, ifølge Reckwitz, hele tiden udvikles via knudepunkter og forbindelser, som en *bricolage* – et begrebsmæssigt 'selvbyggeri' (ibid., jf. s. 51-54). Jeg afprøver herved frit, ligesom Reckwitz (med Foucault, Deleuze & Guattari – som mønstereksempler, jf. fx *rhizomet*), nye redskaber på nye temaer inden for dette hybridiserbare, praksisteoretiske felt, dvs.; "knytte forbindelser mellem teorier som redskaber eller med andre ord at spinde tråde mellem forskellige netværk". En kombinationsteknik og *rekontekstualiseringspraksis*, der i sidste ende handler om, sigter på og udtrykker en genfortolkning af begreber fra andre teoretiske kontekster, hvor man således som værktøjsteoretiker kombinerer forskellige vokabularer med hinanden, præcis som Reckwitz skriver – og gør – det (note 13, s. 54).
[83] Ibid., s. 55.

art levende dagbogsfortælling, kan bringe tænkningen og tavsheden sammen om en kompetent kropslighed og mentalitet.

Som en tekstuel habitus, hvor ideerne og de symbolske ordner i sidste ende udgør en materiel forarbejdning af natur og ting i verdenen, er dette bind 2 således udtryk for en intellektuel hybridform, som vil og kan (om)gøre (ledelses)kultur, med den ikke uambitiøse anstrengelse, at kunne præge de arbejdende og socialiserede menneskekroppe, de socialøkologiske virksomhedsstrukturer og samfundskulturelle praksisser samt ikke mindst (og herved) udfordre gældende vidensordner og herskende tydningssystemer via i bund og grund en ganske basal (selv)refleksivitet.[84]

På linje med Reckwitz er dette uden tvivl stort anlagt – og jeg vil ikke desto mindre nærmere inddrage de fire områder, som han beskriver og generelt er optaget af i sin kultursociologiske praksisteori:

1) *Diskurser*, som udtrykker repræsentationspraksisser, der fabrikerer, afkoder og omtaler verden, dvs. der er her fokus på det fortolkningsmæssige og dermed *sprogliggørelsen*; hvad kan der siges – og ikke siges – samt hvordan kan (eller skal) skal verden fortælles.

2) *Affekter*, som udtrykker en emotionel stemthed og et affekt-kompleks, der som "pirrings-intensiteter" (jf. Massumi) fx vedrører det sørgelige og det truende, glæden, lysten, interesserne, sorg, vrede, angst, skam og misundelse, m.m.

3) *Subjekter*, som udtrykker kroppe (samt den "ånd", der gemmer sig i dem), der bliver til ved at tilegne sig praksissernes vidensordner og kompetencer. Denne *subjektgørelse* vedrører bestemte færdigheder og verdensbilleder, som en samling af bemyndigelser, fortolknings-måder og affektbetonede sindsstemninger.

---

[84] Reckwitz beskriver i "Kendetegn ved praksisteorien" (ibid., s. 56-62) lignende forhold, men til forskel herfra kommer sproget og kommunikationen i dette bind *ikke* til at spille en decentraliseret rolle. Imidlertid er hans interesse for "det mikro-sociologiske begivenhedsfokus, den lokale situering samt åbenheden for det overraskende og afvigende" en inspiration, som jeg tager med mig, og hvor det kritiske makroperspektiv med "sociale praksisser der breder sig i rummet og gentager sig selv i tiden – de *rutiniserede* praksiskomplekser og 'den flade ontologi' (Latour) samt en skelen til Deleuze & Guattari qua 'deterritorialiseringer' og 'reterritorialiseringer'", noget jeg indirekte kraftigt lader mig præge af (ligesom Reckwitz selv).

4) *Livsformer*, som udtrykker koordinerede ensembler og dermed specifikke sociale praksisser eller institutioner, miljøer, klasser og subkulturer. Denne *livsgørelse* vedrører den medmenneskelige magt, der som en levet og levende egn potentielt rummer en iboende heterogenitet, og ikke mindst de dominerende hegemonier og homogeniseringer; her spiller grænsedragningerne også ind.[85]

Hvad angår Rosa begynder inddragelsen heraf via hans spørgsmål (til Reckwitz) om, hvor en livsform begynder og slutter?

Hvad tænker du umiddelbart i forbindelse med dette spørgsmål?

Skriv ned her:

____

____

____

Nærmere bestemt involveres Rosas tænkning gennem hans interesse for sproget. Som han skriver; *"… den, der er i stand til at ændre den samfundsmæssige selvbeskrivelses og selvfortolknings grundbegreber, ændrer selve den samfundsmæssige virkelighed, for denne virkelighed medskabes af sproget."*[86]

Det drejer sig således for Rosa om *livsløbsregimet*, dvs. om betydningen af at gøre tilblivelserne synlige i den kulturelle kontingens, om adfærdsøkonomien og de formative horisonter, dvs. vores livspraksisser, og ikke mindst om at have blik for de formende kræfter, og om hvordan den samfundsmæssige selvfortolkning kan påvirke sig selv refleksivt.

---

[85] Pkt. 1-4 udtrykkes på side 62-68 (ibid.). Jeg følger denne "socialantropologiske handlingsinteresse" (med fokus på gøren/*gørelse*; dvs. anskueliggørelsen af samfundslivet som et dynamisk handlingsmiljø), hvor temaer som fx tab, det flydende, gentagelser og eksperimentelle nydannelser og gensidige afficeringer vil have interesse i "verdener af tilblivelser".

[86] Ibid., s. 152. Rosa er således optaget af den betydning som livs-virkeligheden har for os, hvad et menneske *gør*, når det fx tager på arbejde eller lever i det daglige, med sig selv og andre mennesker, med naturen, m.m. – dvs. selve *værdi-ideerne*, og Rosa citerer her Weber: *"… vi er kultur-mennesker, udstyret med evnen og viljen til at tage bevidst stilling til verden og til at give den mening."*

I dette befinder sig; *"… de bekymrende krisefænomener af økologisk, social, økonomisk, psykisk og politisk art…"*.[87]

Hvad tænker du umiddelbart om det?

Skriv ned her:

____

____

____

Vi må, ifølge Rosa, forholde os kritisk og normativt til 'oplevelsessamfundet', den sociale energi, alle de bekymringer, håb eller ønsker, som driver og udtrykker den sociale bevægelsesenergi, fordi, at:

"For at kunne vokse, accelerere og være innovativ har strukturer og institutioner behov for en motivationsenergi, som de henter fra subjekternes bekymringer, ønsker og ambitioner."[88]

Mængderne af kulturproblemer og de sociale refleksioner i forbindelse hermed, er, ifølge Rosa, en reaktion på oplevelsen af, at der er noget galt (*"der er 'noget' der ikke stemmer"*, s. 187). Alle de åbenlyse kriser og praktiske problemer, udspringer nemlig, som han beskriver det, af fornemmelser af og erfaringer med kritisable, aktuelle tilstande og udviklingsgange.

De gennemgående øjeblikkes irritationer og konstant flygtige forstyrrelser udtrykker både en kontant lidelse og kriseerfaring, der, ifølge Rosa, kalder på en treleddet figur, nemlig;

1) *et analytisk niveau*, som fremstiller kendetegn og udviklingstendenser på det strukturelle og kulturelle plan
2) *et diagnostisk niveau*, som bestemmer og identificerer forstyrrelser og patologier (det kritisables niveau)

---

[87] Ibid., s. 156. På samme side henviser Rosa til Horkheimer, som tydeliggør arbejdsfællesskabet mellem filosofien og sociologien i forhold til de store samfundsmæssige og dermed filosofiske spørgsmål. Rosa er som bekendt elev af Honneth, og dermed også stærkt præget af Habermas.

[88] Ibid., s. 164. Rosa er på den følgende side inde på betydningen af sociale formationers tilblivelseslove og bevægelses-kræfter, og af vigtigheden af at forstå de motiverende energier, såsom ønsker, angst, håb og trusler; at vi må forstå angstens og ønskernes form og retning.

3) *et terapeutisk niveau*, som tilbyder udbedring via forslag til eller anbefalinger af bestemte handlemåder – i det mindste som vægtige bidrag til en værdi-diskussion.[89]

Hvad tænker du umiddelbart i forbindelse med denne treleddet figur?

Skriv ned her:

____

____

____

Jeg vil i det følgende opsummere Rosas seks byggesten, som vedrører de konstant formende kræfter og kulturelle og strukturelle formationskendetegn:

Byggesten 1: Dynamisk stabilisering

Dette vedrører en konstant accelerationsmodus i form af vækst og kulturel fortætning, hvor øget produktivitet, forbrug og distribuering (værditilvækst) medfører en nutidsindsnævring baseret i et eskalationsimperativ. Det bestående kan kort sagt kun opretholdes i kraft af en eskalation.

Her overbydes naturen via over-budskonkurrence og innovationens modus, og hvor stilstand er en eksistentiel umulighed samt hvor den hastigheds-drevne stabilitet øger risikoen for alvorlige ulykker (ligesom at cykle, Rosas eget eksempel, s. 177).

Vi har at gøre med et "varmt samfund" i denne permanente mobilisering, som i sidste ende drives af den politiske og psykiske tilførsel af aktiverings-energi, dvs. subjekternes handlekraft, som genereres kulturelt i form af motiverende bekymringer og ønsker.

---

[89] Ibid., s. 166-167. Derpå fremstiller Rosa seks byggesten på baggrund af et begreb om en 'socialformation', som består af to komponenter, nemlig 1) et moralsk landkort og 2) et samfundsmæssigt arrangement. Disse to komponenter afstedkommer inkonsistenser og kulturelle patologier i spændingerne mellem på den ene side det efterstræbelses-værdige (fx i form af håb, længsler og ønsker) eller det undgåelsesværdige (fx i form af angst, frygt og trusler) og de institutionaliserede systemer, der sikrer den materielle reproduktion på den anden side (ibid., s. 170). Rosa taler her om (s. 171) at de motivationelle ressourcer tørrer ud, og at det derfor er helt afgørende at forholdet mellem verden og mennesket opfattes og opleves som gensidige, levende og dynamiske relationer – med en fælles oprindelse (s. 172).

Byggesten 2: Udvidelse af verdensrækkevidden

Ønskernes og angstens kræfter, det tiltrækkende og det frastødende kan udtrykkes via et landkort, som kan opridse konturerne af "det gode liv" (eller det mislykkede liv):

- Hvad får os (i form af vores livsførelse) til at efterleve et eskalationsløfte?
- Hvad søger vi, hvad frygter vi, hvad forsøger vi at undgå?
- Hvordan kontrolleres opmærksomheds- og begærs-energierne – og dermed en afkortning eller udvidelse af verdensrækkevidden – som i sig selv kan udvise en dramatisk indsnævring eller udfoldelse af det (u)kontrollerbares horisonter?
- Er vi bange for at blive hægtet af, er vi fyldt af en følelse af at stå på kanten af en afgrund (som at være på en rulletrappe, Roses eget eksempel, s. 179)?

Hvad tænker du umiddelbart i forbindelse med disse spørgsmål?

Skriv ned her:

____

____

____

Vi skal hele tiden være på højde med udviklingen, og angsten for den bundløse sociale afgrund dulmes af at erhvervsarbejdet er "blevet til livets resonans- og navlestreng."[90]

Byggesten 3: Eskalation og desynkronisering

Hvordan skaber den (sen)moderne socialformation økologiske, sociale, økonomiske og psykologiske kriser?

---

[90] Ibid., s. 181. Som Rosa skriver på samme side: *"Mennesker kan bogstavligt talt miste livet, hvis de berøves muligheden for resonans"*, og: *"Ingen socialformation kan blive ved med at bestå, hvis dens motivationskræfter kun er negative, hvis de altså udelukkende fremkalder bevægelse i angstens modus."* (s. 182) Og fortsætter med at slå fast, at vi næres af en vision om det gode liv, der producerer eller frigør kulturel 'begærs-energi' – erfaringen af en horisont-udvidelse; *"… der producerer begærs-energi, og det er dette håbs bevægelse i retning af en realisering, der opleves som et flygtigt glimt af det gode."* (s. 183).

Der er en institutionel eskalationslogik og en kulturel motivering, der tilfredsstiller en kulturel interesse i udvidelse af verdensrækkevidden. Den er imidlertid blevet et udtryk for et aggressionsforhold, endda på alle sfærers niveauer bevidner vi, ifølge Rosa, en kampplads gennem en konstant økologisk, økonomisk og politisk landinddragelse, acceleration og aktivering.[91]

Vi kan kort sagt ikke forblive bæredygtige, som overophedning og udbrændthed og det stadigt mere aggressive politiske klima bevidner til fulde. Med andre ord har vi, ifølge Rosa, således at gøre med fire store de-synkroniserings-kriser, hvori det økologiske system og det socialpsykologiske område, udviser voksende stress og tiltagende pres (de andre to er den økonomiske og den politiske sfære).

Han opstiller en firdelt krise-diagnose, hvorom det gælder for alle, at det grundlæggende går for hurtigt.[92]

Byggesten 4: Fremmedgørelse og verdensforstummen

Som Rosa betragter tilfældet i den (sen)moderne kultur er der et uindfriet løfte, nemlig at gøre verden opnåelig og kontrollerbar, et løfte om et lykkeligt liv.

Men erfaringerne peger igen og igen på at mennesker mere og mere oplever en monstrøs afmagt, en radikal magtesløshed, sig selv som et hjælpeløst offer i en verden som er blevet radikal ukontrollerbar.

---

[91] Ibid., s. 188-189. Hvilket vi, ifølge Rosa, erfarer som den firdobbelte krise; den økonomiske, økologiske, politiske og psykologiske, og som han skriver (s. 190), vil; *"… naturens økosfærer, den demokratiske politik, den menneskelige psyke og tilmed den kapitalistiske økonomi blive truet og undergravet som følge af en mere og mere udtalt overbelastning og overudnyttelse."*

[92] Ibid., s. 192-199. Hvad angår økonomien strejfes de patologiske bobler og kollaps, og hvad angår politikken tematiseres uddannelsesprocesserne og omsorgsarbejdet – som for begge områders vedkommende udtrykker et gab mellem to hastigheder, og dermed en konstant tidspres-erfaring, som specielt bliver tydelige inden for den økologiske og den psykologiske krise. Her skriver han: *"Den meget omdiskuterede artsuddøen skyldes ikke, at vi fælder træer eller fanger fisk, men at vi rydder regnskovene og tømmer havene for fisk for hurtigt, at bestandene ikke kan nå at regenerere."* (s. 196) Og han er inde på at de fortsat voldsomt stigende depressioner og *burn-outs* samt andre patologiske stressreaktioner (som fx spise- og søvnforstyrrelser og angstlidelser) udtrykker en fastfrysning og berøvelse af enhver betydning og bevægelsesfrihed, at motivationskræfterne er lammet, livsbevægelsen stagneret, tiden gået i stå, blokeret og prisgivet. (s. 198-199).

Beherskelsen og udnyttelsen af naturens kræfter og processer har afstedkommet en trussels- og tilintetgørelsespraksis, hvor ikke blot social ulighed, økonomisk uretfærdighed og global opvarmning gør sig gældende, men selve den konkrete verdenserfaring i det daglige er forvandlet til en lammende afmagt.

Denne faretruende handlingslammelse beror, ifølge Rosa, på, og udtrykker samtidig en oplevelse af en radikal verdensforstummen. Vi har kort sagt at gøre med fremmedgørelse, dvs.; *"... en kulturel formationsforstyrrelse, hvor den produktive begærs-energi forsvinder."*[93]

Byggesten 5: Hinsides accelerationsimperativet – adaptiv stabilisering

Rosa vil hermed skitsere en horisont for transformationen, dvs. overvindelsen af krisetilstanden med henblik på at indstifte et andet verdensforhold. Han skitserer tre tilgange til en alternativ formation baseret i det forhold, at *alt levende stræber efter forandring og reproducerer sig selv i en transformationsproces* (s. 208). Det drejer sig i kort form om;

1) stofskiftet med naturen, hvor en genindlejring af økonomien i livsformen kan muliggøre at verdens*bearbejdning* og verdens*tilegnelse* kan ske i den rette hastighed og i den rette balance; dvs. som en livsførelse med grundlag i en resonant væren-i-verden (s. 209-218)

2) at trække stikket ud og genopbygge en social-ontologisk tryghed; dvs. få fast grund under fødderne, og dermed *slukke for den grænseløse eskalation, hvorved angsten forsvinder eller i det mindste reduceres mærkbart* (s. 218-220)

3) at vende stikkets poler, hvor det handler om at gøre noget ved de positive motivationskilder, via en alternativ målestok som resonansakser, resonanssfærer og resonansforhold – hvorved den kulturelle begærs-energi, ifølge Rosa, *kan ledes i en anden retning*

---

[93] Ibid., s. 205. Rosa skriver: *"Den verden, der er gjort kontrollerbar, synes på mystisk vis at trække sig bort. Den er tilsyneladende blevet ulæselig, tavs, øde og tom eller, for nu at udtrykke det resonansteoretisk: Den er blevet både døv og stum."* (s. 204) Vi har med andre ord at gøre med en eksistentiel fremmedgørelse, en stærkt reduceret evne til at blive afficeret og et radikalt tab af enhver motivationsenergi – og dermed en dobbelt energikrise – en ydre økologisk og en indre psykisk krise. (s. 205-206).

gennem en ændret kulturel forestilling om 'det vellykkede liv' (s. 220-222).

Hvad tænker du umiddelbart i forbindelse med pkt. 1-3?

Skriv ned her:

____

____

____

Byggesten 6: Fremmedgørelses Andet – resonans

I forbindelse med den sidste og afgørende byggesten fastslår Rosa, at hele projektet kræver en grundlæggende *revision af den motiverende kulturelle drivkraft, dvs. af den dominerende opfattelse af et godt liv* (s. 222). Hvor 'fremmedgørelse' udgør en *relationsløs* relation, er 'resonans' et udtryk for en relationel relation, hvilket samtidig udtrykker at et vellykket verdensforhold står i et såkaldt medio-passivt bindeled mellem det aktive og det passive. Man er med andre ord, ifølge Rosa, hinsides tilstand og handlen, men både aktiv og passiv.

Hvad angår eksempler på medio-passive interaktionsformer nævner Rosa bl.a. at lytte til musik, at elske, danse eller musicere, hvor fokus ligger på mellemrummets og dermed midtens livlighed; *når det ikke længere er muligt at afgøre, hvor impulserne kommer fra* (s. 226).[94]

---

[94] Rosa nævner en vellykket samtale, som værende levende og transformerende, hvor nye ideer vokser frem midt i de cirklende samtaler … og en ny indsigt opstår, som værende udsprunget af samtalen (s. 226). Han nævner på samme side fire konstitutive elementer for en relationel relation: 1) Berøring og bevægethed, 2) Afficering og selvvirksom bevægelse, 3) Transformation og resonant selv-forandring, 4) Ukontrollerbarheden. Han kredser her om en dobbeltsidig bevægelse, fra hvis midte der udgår livlighed, energi og noget nyt, at vi føler os levende ved resonanshændelser samt at vi her har at gøre med en spænding, irritation og pirring; kort sagt 'resonans', som den centrale kilde til menneskelig handlen – når det 'knitrer'… (s. 227). Der skelnes mellem fire resonansformer og områder, nemlig; 1) social resonans, 2) materiel resonans, 3) eksistentiel resonans, 4) selvets resonans (s. 229). Det gælder derudover, ifølge Rosa, om, at kunne tillade og værdsætte det ukontrollerbare som en kalden fra det levende: *"Resonans med naturen ville faktisk være ensbetydende med en gensidig forvandling … en transformativ og livgivende vekselvirkning."* (s. 231). Resonans peger, ifølge Rosa, således på en alternativ forestilling om det vellykkede liv, hvor en åben (*medio-passiv modus*) lytten og svaren kan frigøre de transformative energier

Attraktiv opmærksomhed og autentisk (selv)realisering

Ifølge Reckwitz er der sket en kontinuerlig og dybtgående transformation af næsten alle komplekse praksisser fra og med 1700-tallet. Hele overgangen fra det traditionelle samfund til det moderne samfund hviler på tre grundlæggende mekanismer eller rettere tre strukturelle dynamikker.

Reckwitz angiver et forløbsskema over modernitetens transformationer, og tegner i forlængelse heraf et informeret billede af senmoderniteten. Jeg følger ham (s. 72-97) i overordnet og skitseret form. Vi har at gøre med følgende tre spændingsfelter;

1) en dialektisk proces af kontingensåbning og –lukning (som i princippet er uendelig, dvs. åben og uden formål)
2) en stærkt stigende modsætning mellem en social almenhedslogik og en særegenhedslogik, der parallelt hermed viser sig ved en formel rationalisering og en værdiorienteret-affektiv kulturalisering
3) en stærkt stigende radikalisering af "det nyes" regime, hvis vrangside er en social tabsdynamik og en tidslig hybridisering.[95]

Hvad tænker du umiddelbart i forbindelse med disse spændingsfelter?

Skriv ned her:

____

____

____

I dette førnævnte "varme samfund" lever vi med en kontingensbevidsthed, at alt det, der eksisterer i samfundet, også kunne være anderledes. Den sociale verdens kontingenskultur kan med andre ord formes, forandres, styres:

"At være kontingent betyder ... at være åben over for en mulig omformning, at være beredt på en åbning af en mulighedshorisont, der hele tiden kan fyldes med en ny gørelse (handling)."[96]

---

[95] Ibid., s.72. De er alle, for Reckwitz at se, en skueplads for konflikter og modsætninger; en tilspidset syntese med krisepræg.

[96] Ibid., s. 74. I det følgende skitseres den såkaldte kontinuerlige revisionsmodus med en dialektisk sløjfe a la stabilisering, destabilisering og omformning ... hvilket således udtrykker at det moderne samfund ikke var/er et stabilt samfund, men en social formation, der hele tiden transformerer sig selv gennem en dialektik uden *telos* (s. 78).

Hele dette omformningsimperativ udtrykker en *gøren kontingens* med henblik på at afbryde en tvangstilstand og opløse en eksisterende orden, et konstant spillerum for muligheder, ordensdannelse og ordenskritik, hvor sociale og kulturelle herredømmekontekster samtidig herved udvikler en stigende følsomhed over for kontingens.

Således bevidner vi, ifølge Reckwitz, konstant kritiske bevægelser og innovationsbestræbelser, nye muligheder komme i spil, nye praksisser, nye tolkningsmønstre, nye artefakter, nye normer, nye afficeringer, nye subjekt-former, m.m.

Samtidig hermed (spændingsfelt 2) sporer Reckwitz en generaliserings-*gørelse* (det almene sociales logik) over for en singulariserings-*gørelse* (det særegnes sociale logik) parallelt med en rationaliserings-*gørelse* og en værdi-*gørelse*.

Vi erfarer her en radikal ny-orientering i forbindelse med moderniseringen af den sociale verden, hvor det almengyldige i form af fx regler og standardiseringer udtrykker en radikal omkalfatring af den sociale rationalitet.

Heroverfor står mønstereksempler på det særegne og unikke; egen-kompleksiteten, singulariseringsprocesserne i begyndelsen stadig svagere, men selvstændighedens værdi bliver via en konstant kulturaliserings-proces stærkt stigende som en sfære og ramme for kulturel værdicirkulation.

Med andre ord er der, ifølge Reckwitz fra starten af i moderne samfund tale om en spændingsfyldt dobbeltbevægelse mellem fx saliggørelses- og affektintensiveringsdynamikker.

Kort sagt er det her pointen at moderniteten er mere end blot en rationaliseringsmaskine med kapitaliserings-, teknificerings- eller differentierings-narrativer. Den er også skueplads for radikal kulturalisering, dvs. æstetisering, narrativisering, etisering, ludificering, osv. af det sociale.[97]

---

[97] Ibid., s. 81. Udtrykkene er Reckwitz', som på samme side forlænger pointen via følgende: *"Den udgør et rum for såvel affektintensivering som tilskrivning eller tab af iboende værdi. Moderniteten er ligeledes en arena for radikale singulariseringsprocesser, dvs. en orientering i retning af det enestående og unikke."* – Som han skriver længere fremme: *"Den romantiske bevægelse omkring 1800 kan faktisk opfattes som det første udtryk for en radikal doing singularity og en doing value."* (s. 84)

Det sociales logik retter sig, ifølge Reckwitz, til enhver tid mod fem enheder i det sociale, nemlig;

1) objekter eller ting
2) subjekter
3) rumlige enheder
4) tidslige enheder
5) kollektiver.

Desuden omfatter den sociale logik forskellige formaterings- eller verdensskabelsespraksisser, nemlig;

a) vurdering
b) iagttagelse eller fortolkning
c) frembringelse
d) tilegnelse og reception.

Reckwitz opstiller dette i følgende figur:[98]

Det sociales enheder/praksisser for verdensskabelse	Iagttagelse	Vurdering	Frembringelse	Tilegnelse
Objekter og ting				
Subjekter og individer				
Rum og steder				
Tid og begivenheder				
Kollektiver og fællesskaber				

Hvad tænker du umiddelbart i forbindelse ovenstående skema?

Skriv ned her:

____

____

____

Kultur og rationalitet opfatter Reckwitz kontrasterende hinanden; 'kultur' handler generelt om vidensordner og meningstilskrivninger, og mere specifikt udgør kulturalisering en værdi-*gørende* praksis-sfære, hvor de fem enheder i det sociale (jf. den vertikale akse i ovenstående figur) opleves som værdifulde i sig selv.

---

[98] Ibid., s. 86 og s. 82. De 20 kvadranter udgør lokale og forbundne brydningsfelter mellem generaliserings-*gørelse* og singulariserings-*gørelse*.

Vi har her, ifølge Reckwitz, at gøre med en stærk og kompleks affekt-logik, hvor der er tale om;

1) æstetiske værdier
2) etiske eller narrative værdier
3) ludisk-legende værdier
4) kreativ-gestaltende værdier

… der inden for den kulturelle sfære baseres i kriterier som autenticitet, fascination og attraktivitet, der ikke kan beskrives rationalistisk (s. 87).

Reckwitz fremstiller (s. 90) en firefeltsmodel af de sociale logikker i moderniteten. De to dominerende former er kursiveret:

	DOING GENERALITY	DOING SINGULARITY
DOING RATIONALITY	*Formel rationalisering*	Maskinelle singulariseringer
DOING VALUE	Det almenes kultur	*Kulturalisering som singularisering*

Hvad tænker du umiddelbart i forbindelse denne firefeltsmodel?

Skriv ned her:

____

____

____

Hvad angår det tredje spændingsfelt, som vedrører det nyes sociale regime, normen om nyskabelse, og nutidsintensiveringens praksisser, fremskridtsnarrativer og innovationsorientering, overraskelseslogik, selvoptimerings- og selvrealiseringsimperativer tilskriver Reckwitz alt dette en hunger efter den permanente omvæltning; en uophørlig pirring efter noget nyt.

Men det progressive har tabserfaringerne som vrangside (fx fremmedgørelsen og affortryllelsen); vi hjemsøges af tabsangst, tabsvrede og tabsdrømme – som fx meningstab, kontroltab eller identitetstab, tab af autonomi, fællesskabsfølelse, fremtidstab, m.m. som alle er dybt forbundet med sorg, angst, vrede eller skam (s. 93).

Denne *doing loss*-logik (tabs-*gørelse*) – at være taber, at forsvinde, at blive glemt, er dels en konsekvens af nyheds-dyrkelsen, dels forbundet med fortrængning og fornægtelse af erindringer.

Dette kalder, ifølge Reckwitz, på en gentilegnelses-praksis, hvor fortiden igen kan hjemsøge nutiden via kulturhistoriske erindringer, regressiv arkæologi, og dermed hybridiserings-berigelse (s. 95-97).

I det nedenstående skal vi følge Reckwitz videre gennem modernitetens tre faser (s. 98-116), nemlig;

1) den borgerlige modernitet
2) den industrielle modernitet
3) senmoderniteten.

Hvad angår fase 1 har vi her at gøre med en subjekt-kultur kendetegnet ved selvstændighed, selv-ansvar og suveræn selv-styring med kulturelle mønstre for moral, pligtetik og selvdisciplinering (s. 99).

Der er med andre ord tale om en almenhedens dannelseskultur, hvis medie er skriftligheden. Hvad angår livsførelsen er der typisk tale om en relativ rigid moral og en repressiv og fremmedgørende rationalisme, som hæmmer individets udfoldelse, hvilket romantikken tilstræber at råde bod på.

Således udgør romantikken en reaktion på tabet af fællesskabet, religionen, den landlige hjemstavn, den konkrete sædelighed og af naturen i den borgerlige modernitet (s. 101); romantikken udtrykker, kort sagt, ifølge Reckwitz, inkubationen for individers, tings, steders, begivenheders og fællesskabers radikale singularitet, et affektcentrum med ansatser til et kreativitets-dispositiv og til det æstetisk nyes regime.

Hvad angår den industrielle modernitet (fase 2) er den kendetegnet ved en industriøkonomi, en organiseret industrikapitalisme, en arbejdsstyrkens subjekt-kultur og livsførelse, hvis stærke kollektive, sociale etik kobles med en perfektions-æstetik indlejret i en saglig og følelsesneutral kultur.

Vi bevidner en *teknisering* og styring samt omfattende social inklusion samt en samfundsmæssig totalrationalisering og mobilisering, der resulterer i et samfund kendetegnet ved lighed og ensartethed (s. 104-105).

De respektive tabserfaringer og nederlag er forbundet med kulturindustrien, masseforbruget og ikke mindst massekulturen med minimal æstetisk inderlighed. Specielt hæfter Reckwitz sig, i denne skitserede gennemgang, ved opkomsten af såkaldte *star*-systemer, masse-arrangementer, kreative industrier og en stærkt stigende slagkraftig affektivitet – hen mod slutningen af 1970'erne. Det moderne kreativitets-dispositiv udkrystalliserer sig langsomt via økonomien og medieteknologierne som drivremme for singulariseringen (s. 106).

Således ankommer vi til den fase, som Reckwitz betegner som senmoderniteten (fase 3), som er båret af en kognitiv og kulturel kapitalisme, med immateriel vidensarbejde samt konkurrence-betonede markeder for kognitivt-kulturelle varer.

Der er dels den professionelle klasse og den nye service-klasse, der både udtrykker en polariseret økonomi- og erhvervsstruktur samt social-struktur. Vi bevidner, ifølge Reckwitz, en opadstigende ny akademisk uddannet middelklasse (der opnår kulturel dominans), en ny underklasse - og den gamle middelklasse grupperes herimellem, hvor vindere og tabere fordeler sig alt efter om de stiger opad eller nedad i det nye sociale hierarki.[99]

Den senmoderne kultur er gennemgående kendetegnet ved idealer om selvudfoldelse, kreativitet, autenticitet og emotionalitetens selvrealisering (s. 108).

Succes vægtes i attraktivitet, opmærksomhed og anerkendelse samt ikke mindst den personlige realisering, og således udgør denne konkurrence-*gørelse* og syntese i og omkring aspekter fra borgerlighedens kultur (nemlig foretagsomhed, følsomhed og uddannelsens værdi) og fra romantikken (nemlig selvrealisering, singularitet og autenticitet) en ny-romantik – og en ny kontingensåbning.

Specielt opmærksomheds- og valoriserings-dynamikker, singularitetsmarkeder for kognitive og kulturelle varer, der gør fordring på at være enestående, autentiske og attraktive, kendetegner denne højt differentieret forbrugskapitalisme.

Vi har samtidig at gøre med en tvangsbetonet performativ selv-realiseringskultur, hvor den nye frihed er blevet til et pres, og hvis livsstil samtidig kritiseres for ikke at være økologisk bæredygtig.

"Denne kritik udspringer frem for alt af de eksisterende risici, der er forbundet med klimaforandringerne, men også den generelle psykiske overbelastning af selvet i lyset af selvrealiseringsimperativet. Målet for

---

[99] Denne kulturelle kapitalisme er en "hård" kapitalisme med et gigantisk opmærksomheds-økonomisk rum, en kultur- og affekt-maskine, hvorom Reckwitz pointerer: *"Væksten i antallet af personer med en universitetsuddannelse danner baggrund for den nye middelklasses fremkomst. Denne klasse er præget af værdiforandringernes "stille revolution", nærmere betegnet det legitimitetstab, der har ramt de pligt- og acceptværdier, som tidligere bandt subjektet til det alment-sociales normer, og selvrealiseringsværdiernes voksende betydning."* (s. 113).

denne kritik er ikke længere en grænseløs, men en bevidst begrænset, i videste forstand miljøbevidst livsform, der hviler på et etisk grundlag."[100]

I den nye middelklasses livsverden stræber man efter den singularitet, man oplever i sit indre, og efter den singularitet, der kan fremvises for omverdenen, og Reckwitz sporer endvidere en hyper-kultur, som bygger på en permanent overskridelse af det værdifulde og det profane:

"Hyper-kulturen bæres fremad af såvel den kognitivt-kulturelle kapitalisme som den digitale kulturmaskine og den nye middelklasse." (s. 114)

Gennem konstante hybridiseringer foregår der nemlig en uendelig kulturel ressource-udvidelse og værdi-tilskrivelse til berigelse af det senmoderne subjekts singulære identitet:

"Den singularistiske livsstil, den kognitivt-kulturelle kapitalisme og den digitale kulturmaskine stabiliserer sig gensidigt og opildner hinanden, og de fremmer udbredelsen af det kulturelt og æstetisk nyes sociale regime, der i form af et fuldt udfoldet kreativitets-dispositiv etablerer en endeløs – og snarere nutids- end fremtidsorienteret – fornyelsesdynamik."[101]

Hvad angår fremhævelsen af krisemomenter i senmoderniteten anslår Reckwitz at kontingensåbningens optimisme er blevet til en tvang, en krise som er en del af modernitetens grundstruktur og eksistensmodus.

Han opstiller tre krisemomenter;

1) en social anerkendelseskrise
2) en kulturel selvrealiseringskrise
3) en politisk krise

– samt peger på at en ny krise er på vej, nemlig en kommende krise for det nyes regime og dets fremtidstro.

Hvad tænker du umiddelbart i forbindelse med disse kriser?

____

____

____

---

[100] Ibid., s. 110-111. Der er klare tegn på en forstærket, selvrefleksiv tabssensibilisering og tabseskalering, konstaterer Reckwitz, og anfører endvidere den defensive orientering mod forebyggelse, resiliens og tabsminimering (s. 111).
[101] Ibid., s. 114. De herskende tabserfaringer er de økologiske tab og fremtidstabet (s. 116).

I forhold til pkt. 1 er det kendetegnet ved et socialt forventningsmønster mellem vindere og tabere, som belønner præstationer og resultater, der fremstår som særegne på markedet, og hvor værdi-tilskrivningen af den livsstil som dyrker livslang læring over mobilitet til sundhedsbevidsthed agterudsejles og gøres værdiløse, hvis ikke det lykkes hermed.

I forhold til pkt. 2 strejfer selvrealiseringskrisen, ifølge Reckwitz, selve kernen i den senmoderne kultur, nemlig som den kultur hvor performative og succesfulde selvrealiseringer udfolder intensiverede oplevelser og sansninger; "et interessant liv" – hvilket er gået hen og blevet en såkaldt "skuffelsesmagnet", fordi et sådant vellykket liv, som sigter efter at udtømme alle eksistensen muligheder udgør et emotionelt paradoks, en intensivering af det emotionelle liv forøger produktionen af livsskuffelser (som afstedkommer vrede, forbitrelse, angst, sorg, misundelse, m.m.), og som samtidig ikke har legitime muligheder for at komme til udtryk eller blive bearbejdet (s. 121).

Der forekommer således, ifølge Reckwitz, et indre forventningspres om at realisere sin egen særegenhed, hvilket viser sig som en "udmattelse af selvet", og samtidig en sådan livsførelses manglende bæredygtighed, konstaterer Reckwitz.[102]

Reckwitz peger derefter på en række funktioner af kritikken som et intellektuelt redskab, nemlig anskueliggørelsen af friheden, og de subtile former for tvang, afsløringen af, hvad der "rumler i undergrunden", bag kulisserne, og "den særlige næse" for spændingstilstande, revner, tilstandenes vaklende og skrøbelige kerner.

Dertil følger en produktiv afdækning af mønstre i en ukontrolleret egendynamik samt blikket, der kan rettes mod tabserfaringerne og tabspraksisserne (specielt hvad angår traumer, lidelser og fiaskoer, ofre og tabere); hele vrangsiden, der fortrænges, når drømmene eller løfterne ikke går i opfyldelse, eller mislykkes, marginaliseres. Endelig hele modstanden i form af nye begrebsmæssige redskaber, nye metoder, teoretiske impulser og tværfaglig nysgerrighed.

---

[102] I forhold til pkt. 3 – den politiske krise, omtaler Reckwitz en form for genoplivning (s. 121) og den øget bevidsthed om økologiske risici (s. 123), og skriver: *Klimadebatten er blot et fingerpeg om, at vi har at gøre med en mere dybtgående forandring af det samfundsmæssige forhold mellem fremtidsløfter og tabserfaringer, der på sin vis udgør to yderpunkter i alle udgaver af moderniteten."* (s. 124) – Og peger i forlængelse heraf på de store tab i kølvandet af (kommende) økologiske katastrofer (s. 125).

Det gælder gennemgående om, at afdække, at tingene ikke er, som de synes at være, rokke ved vanetænkning, synliggøre sammenhænge som er alt andet end indlysende – og stille dette til åben debat.

"Mit udgangspunkt er, at den intellektuelle kontingensåbning – altså at gøre sociale sammenhænge transparente, påvise deres tvangsmæssige og naturaliserende karakter, deres uerkendte strukturer, utilsigtede følger og ustabile bestanddele – i sig selv er efterstræbelsesværdig, for kun via den intellektuelle åbning af den lukkede kontingens kan man få fat i det værktøj, der skal til for at åbne den praktiske mulighedsrum."[103]

Hvad tænker du i forbindelse med ovenstående gennemgang?

Skriv dine stikord ned her:

____

____

____

____

____

____

____

____

---

[103] Ibid., s. 133-134. Som afslutning anslår Reckwitz betydningen af redskabernes eksperimentelle tilgange, krigen med intellektuelle midler (*den intellektuelle krigerskhed*) og ikke mindst at åbne verden ved hjælp af teori. Her fremstår teorien som et potentielt redskab, en nøgle til inspiration, et nyt lys, som åbner for nye tanker. Herved følger vi Reckwitz i denne invitation til et intellektuelt eksperiment i kraft af et nyt vokabular, som åbner for en produktiv tilgang til verden, en potentiel berigelse, et tilbud som kan tilføje nye perspektiver, som er attraktive og forhåbentligt fascinerende, om ikke andet så en intellektuel berigelse og potentiel inspirationskilde, der, ifølge Reckwitz, giver mulighed for at se bestemte sammenhænge på en ny og anderledes måde. For at åbne et sådan teori-værksted, og derved kunne tænke videre ved hjælp af teorien, er der behov for en teoretisk flersproglighed.

Ledelse af livskulturer

Om regenerering af særegne atmosfærer

Jeg har i dette afsnit valgt at fokusere på, hvordan Reckwitz, opfatter og beskriver vor tids (senmoderne) samfundskultur, og på den baggrund undersøge hvilken rolle og funktion 'det regenerative' har (og kan få) i en samtid, som Reckwitz diagnosticerer den. En samtid hvor det autentiske og originale, unikke varer og events, fællesskaber og byer er den nye målestok.

Jeg vil nærmere bestemt udforske "byernes genfødelse", som et (blandt mange andre) udtryk for det regeneratives samfundsmæssige og globale betydning ud fra følgende karakteristika:

"Byer former nu sig selv hinsides deres nyttefunktion og bliver bærere af en egenværdi, de gøres til genstand for en identifikatorisk og frem for alt æstetisk valorisering og autentificering, en formgivning som autentiske steder."[104]

Jeg vil i dette afsnit arbejde med følgende treleddet disposition

1) hvad der kendetegner en kulturel regeneration og en regenerativ kultur
2) hvad der kendetegner en regenerativ livsførelse og et dertil hørende menneskesyn
3) hvad der kendetegner en kulturel regenerations-ledelse – og herved afrundingsvist angive skitser til en regenerativ livsæstetik.

Gennem hele dette afsnit fungerer den stiltiende grundpræmis; hvordan det regenerative kan komme (og kommer) til udtryk inden for den kultursociologiske begrebsramme, som Reckwitz arbejder med i *Kreativitetens opfindelse*, og som jeg har valgt at følge så loyalt som dette kan gøres inden for rammerne af nærværende afsnits formmæssige muligheder.[105]

---

[104] Singulariteternes samfund., s. 340.

[105] Hvor *Singulariteternes samfund* (side 338-348, 2017/2019) således danner begrebslig baggrund for dette afsnit, udgør *Kreativitetens opfindelse* (kapitel 7, 2012/2020) herved den tematiske forgrund. Bøger med mere konkrete case-beskrivelser som kan anbefales: 1) *Sensing Cities. Regenerating public life in Barcelona and Manchester* (2008), 2) *Designing Regenerative Cultures* (2016), 3) *Regenerative Urban Design and Ecosystem Biomimicry* (2018).

... i den såkaldte kulturelle regenerations navn...

Som det fremgår af Reckwitz' indledning i *Singulariteternes samfund* erstattes modernitetens standardiserede, affektløse og udskiftelige (by)rum; *"... med den genkendelige, enkeltstående lokalitet, der har sin egen særegne atmosfære, som er forbundet med bestemte narrativer og erindringer."*[106]

Man skulle således umiddelbart tro at det specifikt peger mod og handler om "den regenerative arkitektur", hvilket imidlertid ikke er tilfældet.

Når *den såkaldte kulturelle regeneration* (udtrykket er Reckwitz') bestræber sig på; *"... at udvikle en lokal egenlogik, der rummer løfter og livskvalitet og specifikke karakteristika, som tiltrækker den nye middelklasse..."*, er dette, ifølge Reckwitz, nemlig blot ét tegn (og ét eksempel) på, hvad der kendetegner den senmoderne samfundskultur.

Ifølge Reckwitz sigter "den kreative by" på en kontinuerlig produktion af nye tegn og atmosfærer, dvs. om en semiotisk kulturalisering, hvor transformationen af byrummet stiler mod de kreatives livsstile og autentiske interesser.

Med andre ord fremstår regenerations-processer, ifølge Reckwitz, som tegn på autenticitet, hvor atmosfærerne, dvs. de sansemæssigt-affektive stemninger, imødekommer udfoldelses- og selvrealiseringsbehovet i det personlige liv.

Hele byplanlægningsdiskursen (under oveskriften: *creative cities*), dvs. den gennemgående kulturalisering af byer, bliver således, ifølge Reckwitz, til et produktionssted for en uophørlig strøm af nye tegn, oplevelser og atmosfærer, som udtrykker bymæssige erfaringer af det æstetisk nye.

Denne ny-arrangering af kulturer (som kaldes *culturel regeneration*) fokuserer, ifølge Reckwitz, typisk på det sociale kompleks via tre niveauer:

1. Kulturer består af rumlige konstellationer, som er sammensat af mennesker, handlinger og ting.
2. Kulturer udfolder sig og reproduceres via hverdagslige praksisser.
3. Disse praksisser forarbejder specifikke tegn, kognitive landkort, billeder og diskurser, som udgør den kulturelle regenerations-proces.

Det drejer sig således om en flerdimensional proces, og som Reckwitz konstaterer betydningen og effekten af den kulturelle regeneration, så skal

---

[106] *Singulariteternes samfund*, s. 20.

bymiljøet blive til et emotionelt, afficerende sted, men også blive til noget enestående, og dermed særegent:

"Byen skal udfolde sin egenlogik som specifik uforvekslelighed, nærmere betegnet på tre indbyrdes forbundne områder: materialiteten, altså arkitektur og rumlig strukturering, det bymæssiges sociale praksisser (arbejde, gadeliv, kultur i mere snæver forstand osv.) og den urbane repræsentation af byen i narrativer, associationer og billeder."[107]

Der er således ingen tvivl om, at det handler om at gøre byen til et attraktivt "brand", baseret i en videns- og kulturøkonomi, der, ifølge Reckwitz, sigter på den nye middelklasses bestemte levestandard, der kræver livskvalitet, og hvor bylivet herved skal rumme affektivt tiltrækkende kvaliteter som autenticitet, uforvekslelighed, kulturel åbenhed og vitalitet.

Herved *regenereres* byen som et sted for kulturel diversitet, hvad angår aktiviteter og miljøer og som en kulturel sfære for emotionelle værditilskrivninger.

Reckwitz konstaterer at byfornyelserne, byplanlægningerne og den dertil knyttede arkitektoniske industri kæmper om indbyggere og turister på et globalt og regionalt attraktivitets-marked, hvis konkurrencesituation kun kan lade sig gøre, for så vidt at den nye middelklasse og dens krav om en succesfuld eksistentiel selvrealisering, der nu retter sig mod byerne som et "leverum" er indtruffet (hvilket den, ifølge Reckwitz, er).

Denne aktive kulturalisering og udformning af (by)rummets materialitet, kan, ifølge Reckwitz, sammenfattes via nogle kulturaliseringsstrategier, som udgør tre elementer, der alle lægger afstand til den funktionelle bys (og dermed modernitetens) og dertil hørende (leve)rums fremmedgørelse, standardisering og sansemæssige tomhed (se matrix og forklaring for akserne i det nedenstående):

1) *Semiotiseringen*: forstærkningen og fortætningen af de symbolske kvaliteter ved byrummet.
2) *Den refleksive historisering*: en værdsættelse og gentilegnelse af byens kulturelle arv og dens fleksible kombination med det nutidige.
3) *Æstetiseringen*: en målrettet forøgelse og fortætning af sansemæssigt-affektive atmosfærer, som er emotionelt

---

[107] Singulariteternes samfund, s. 341.

tilfredsstillende med værdi i sig selv, hvilket, ifølge Reckwitz, er målet for hele den kulturelle regenerations-proces.

Dertil følger fire kollektive kulturaliserings- og æstetisering-aktører, hvis individuelle mål (og økonomier), ifølge Reckwitz, kan komme i konflikt med hinanden:

a. Kunstnermiljøer og subkulturer, der søger fællesskabs- og inspirationsrum (kulturel økonomi)
b. Den akademiske middelklasse, der er påvirket af en kreativ selvrealiseringsetos (æstetisk økonomi)
c. De lokalt eller globalt agerende entreprenører, der finder markeder til deres varer og muligheder for at etablere kreative klynger (kreativ økonomi)
d. En lokalpolitik, der støtter den kulturelle regeneration og regenerative kultur (attraktions-økonomi).

Oversigts-matrice over en kulturel regenerations governmentality (egen tilvirkning)[108]

Aktør/Tæthed	Semiotiseringen (1)	Historiseringen (2)	Æstetiseringen (3)
Kulturel økonomi (a) (fællesskaber)			
Æstetisk økonomi (b) (realiseringer)			
Kreativ økonomi (c) (markeder)			
Attraktions-økonomi (d) (styringer)			

En øvelse

Tænk på den by som du er vokset op i (evt. din fødeby) og/eller den by som du bor i nu. Forhold dig derpå til følgende spørgsmål:

1. Hvordan oplever du byen sansemæssigt i hverdagen?
2. Hvordan tror eller oplever du at byen tilfredsstiller sin indbyggere emotionelt?
3. Hvordan oplever du byen som et sted, hvor man kan støde på en overraskende "andethed"?

---

[108] De fire økonomi-begreber bliver ikke uddybet yderligere end som det fremgår i: a-d. Det kan læses frem hos Reckwitz for den flittige og nysgerrige læser og elev.

4. Hvordan og hvorvidt oplever du byen som livlig, som et levende rum?
5. Hvilke oplevelsesmuligheder rummer byen?

Nedskriv i stikord dine tanker og prøv at plot dem tentativt ind i ovenstående oversigt-matrice – og del derefter dine perspektiver og tanker med en anden/i en gruppe.

____

____

____

____

____

Når jeg, efter denne mindre øvelse, går videre med den ovenstående oversigts-matrice, er det først og fremmest oplagt at klargøre hvordan byrummet i *den såkaldte kulturelle regenerations navn*, ifølge Reckwitz, trækker på inspirationer fra den humanistiske kulturalisme, den kulturrevolutionære urbanisme, den borgerlige vitalisme og urbanismen hos de kritiske arkitekter.

Således fremhæver Reckwitz, at regenerative byer (dvs. byer som undergår kulturel regeneration) både skal kunne fremme kunstnerisk aktivitet og i sig selv være kunst. Resultatet af en sådan æstetiserings- og kulturaliseringsproces skal munde ud i et sansemæssigt indtryk af meningsfuld helhed og intense, positivt ladede billeder, dvs. give opleveren en klar og kohærent erfaring af æstetisk stabilitet.

Regenerative (by)miljøer er dermed, som Reckwitz observerer det, grundlæggende set æstetiske miljøer, der er kendetegnet ved en levende og poetisk mangfoldiggørelse; en såkaldt hverdags-æstetik, der imidlertid, ifølge Reckwitz, kræver virkelystne (for)brugere som udfolder autonom og kreativ tilegnelse af byens (livs)rum.

Det skal med andre ord være et levende, et livligt bymiljø, hvis kulturelle heterogenitet og sociale diversitet foregår naturligt og organisk, og hvorved revitaliseringen og reorganiseringen heraf (samlet set *den kulturelle regeneration*), ifølge Reckwitz, følger og udfolder en handlekraftig hverdags-semiotik.

Denne semiotiske omkodning tager endvidere afsæt i tegnenes overflod og indbyrdes kontraster, og udtrykker herved, ifølge Reckwitz, en aktiv rekontekstualisering og omfattende formgivning af atmosfæriske rum, miljøer og byliv; netop en *re*-generativ model, der tager udgangspunkt i (for)brugerens autonome sansning og affektivitet. Byrummet bliver herved forvandlet til et oplevelsesrum og udfolder en semiotisk-sansemæssig berigelse af oplevelsesmulighederne, konstaterer Reckwitz.

Det bliver herved muligt at registrere, at *kulturel regeneration* opfattes som en kombineret forbindelse mellem omdannelse og genoplivelse, og som noget der aktivt forstærkes via en tilstrækkelig kritisk mængde af (for)brugere, jf. den nye middelklasse med deres, ifølge Reckwitz, krav til og forventning om livskvalitet i form af bl.a. autenticitet og indlejret selvrealiseringsetos.

Dertil følger etableringen af et marked (jf. attraktionskonkurrencen), øget medie-opmærksomhed og et lokalpolitisk (og national politisk) engagement med konkret ledelsesmæssig planlægning og praktisk styring.

Hvad angår den faktiske regenerative kulturaliseringsproces' tre led sammenfatter Reckwitz disse konkrete faser i følgende hovedtræk:

1. På det *semiotiske* plan (fase 1; forberedelsen & tilblivelsen) har vi at gøre med en genaktiverende omkodnings-strategi, hvor fx det nedslidte eller intetsigende bliver gjort til noget interessant eller autentisk – det bliver til et *cool place* – hvilket, ifølge Reckwitz, udtrykker en erobring og genindretning af det sociale (livs)rum, dvs. en begyndende æstetisering, der indebærer tilblivelsen af en radikal transformation af den sansemæssige perception af det pågældende område og dets atmosfærer. Det gamle begynder at virke helt nyt; det bliver (gen)opdaget. Der (gen)opbygges samtidig nye sproglige betydninger.

2. På det *historiske* plan (fase 2; den spredte tilsynekomst & transformationen) mødes en refleksiv genoplivelse med en æstetisk holdning, dvs. at det udpinte og forladte genbesøges affektivt, hvorved autentificering, vitalisering og pulsering bydes velkommen sammen med en imødekommenhed overfor social diversitet og kulturel heterogenitet. Et mylder af nye semiotisk-æstetiske stimuli trænger sig på i denne fase, konstaterer Reckwitz. Der tegner sig endvidere nye narrative figurer og diskursive knopskydninger samt (gen)etableres (alternative) fortolkningsmæssige forståelseshorisonter og handlingsmæssige udfaldsrum.

3. På det *æstetiske* plan (fase 3; den kriseprægede fortætning og konsolideringen) følger hverdags-æstetikken, ifølge Reckwitz, nu et mønster, hvor den semiotisk-sansemæssige diversitet fejres. Imidlertid er dette samtidig blevet til et ufarligt og velordnet (og dermed et overfladisk og hegemonisk) plan, hvor enkelte stil- og oplevelsestilbud dog udskiftes med andre, og der produceres konstant nye muligheder for forbrug og underholdning (nærmest som en maskine) – uden at noget ændres fundamentalt. Her er der risiko for æstetisk mætning og afdynamisering, påpeger Reckwitz, som kan medføre, at den regenerative æstetiseringscyklus fortsættes et andet (indtil videre (u)interessant) sted, der således kan gøres til genstand for nye omkodninger og dermed semiotisk-æstetisk revitalisering og kulturel regeneration.

Når vi således følger Reckwitz i at iagttage den kulturelle regeneration og regenerative kulturalisering nærmere, falder en nyere rum-økonomi os i øjnene, der betegnes som "kreative klynger". Disse udgør lokale praksisfællesskaber, hvorunder tre omstændigheder, ifølge Reckwitz, synes at være bestemmende for kulturlivets fortsatte regenerative udviklings-æstetisering:

1. Der opstår nogle semiotisk-atmosfæriske "pirringsrum", hvor det private ikke længere kan adskilles fra det faglige, der konstant inviterer til møder med det fremmede og anderledes.

2. Disse pirringsrum danner samtidig kommunikationskanaler for "kultur-entreprenører", dvs. udgør et fortættet interaktionsrum mellem forskellige kreative økonomier, hvorved stimulerende udvekslinger lader sig gøre.

3. Endvidere udfolder disse pirringsrum sig også som strategiske rum, som kan påvirke den videre produktion af kreative og regenerative processer. Her er der både samarbejde og konkurrence i/på spil, hvor der udveksles kontakter, kvalificeres til succesfulde ideer og i det hele taget, ifølge Reckwitz, dyrkes og styrkes den sociale effektivitet her af mangfoldighed.

Regenerativ livsførelse – og det dertil knyttede menneskesyn

Udover ovenstående betragtninger over den kulturelle regenerations forskellige procesfaser og den regenerative kulturs grundlæggende kendetegn er Reckwitz inde på den udefrakommende (fx turistens) erfaring af naturen, det fremmede, det autentiske, det ikke hverdagslige, det pirrende eller det harmoniske i den uophørlige strøm af nye (kulturmæssige) oplevelser, og hvordan livsstils-forbruget, varer til selvstilisering, oplevelsesarenaer, dvs. hele rækken af oplevelses-økonomiske miljøer såsom festivaler og events, auraskabelse og indeksikale narrativer, der henviser til interessante livsformer, minoritetshistorier eller bestemte personligheder, peger mod noget.

Alt dette henviser nemlig til, og udtrykker samtidig, ifølge Reckwitz, den senmoderne livsførelse, og hvordan det senmoderne menneske former sit liv, og hvordan det selv formes af en selvrealiseringsetos, krav om livskvalitet og forventninger om autenticitet. Denne *mereværdige* livsform med værdifulde kvaliteter (som kreativitet, åbenhed, selvbevidsthed og gåpåmod, m.m.) tilstræber og udtrykker et vellykket, succesfuldt og godt liv.

Reckwitz sporer fremkomsten af denne nye (regenerative) middelklasse, som dyrker affektiv tilfredsstillelse og særegne steder, begivenheder og kollektiver, via et psykologisk og pædagogisk kompleks, som hviler på en positiv psykologi om *self growth* og *human potentials*, hvor den individuelle udfoldelse af personligheden er i højsædet.[109]

En øvelse

Tænk over 'autenticitet'; hvad forstår du ved det? På hvilke måder bliver man mere eller mindre autentisk ved at være i kulturen og/eller i naturen?

---

[109] I forhold til "den nye middelklasse" noterer Reckwitz sig følgende i *Singulariteternes samfund*: *"Autenticitet, selvrealisering, kulturel åbenhed og diversitet samt livskvalitet og kreativitet er parametrene for denne livsstil."* (s. 246). Hvad angår hele autenticitets-diskursen er det påfaldende at dette går igen og igen i *Leading by Nature* (2022), hvor lederen via sin indre regenerative rejse i bedste fald formår at finde ind til sin såkaldte autentiske, indre og dermed sande natur. Hvilket danner grundlaget for at være regenerativ i sit menneskelige væsen og den ledelsesmæssige væren. Lignende tanker om den menneskelige ressource-psykologi er at spore i *Regenerative Leadership* (2019). Et andet bud på den regenerative livsførelse er at finde i *The Regenerative Life* (2020), hvilket dog lider noget under at fastholde ni bestemte roller hertil indenfor Enneagrammets figur. *Hvad angår "Det regenerative liv" sigter Carol Sanford (2020)* efter at den regenerative livsførelse involverer en generel transformation af alle organisationer, samfund og den menneskelige skæbne som sådan. Således arbejder forfatteren her videre fra sin bog i 2017 via bl.a. det heroiske tema, det altomfattende arbejde samt syv første-principper om "regenerationen"; nemlig helhed, potentiale, essens, udvikling, redet'hed (*nestedness*), noder og felter. Forfatteren indstifter på baggrund af et begreb om betydningsbærende komponenter (*nodal*punkter) ni centrale, regenerative karakterer eller rollemodeller for det fremtidig regenerative samfund (konklusionen). Disse er: 1. forældrerollen, 2. designer-rollen, 3. jord-rollen, 4. borger-rollen, 5. entrepreneur-rollen, 6. økonomi-rollen, 7. uddanner-rollen, 8. medie-indholds-skaber-rollen, 9. den spirituelle ressource-rolle.

Skriv dine tanker ned i stikord – og del dem i en gruppe eller med en
"medstuderende":

____

____

____

____

____

Hele det eksistentielle autenticitetsprojekt, med forestillingen om et selv,
der på legitim vis stræber efter at omsætte (realisere) sine helt egne
angiveligt inderste ressourcer (potentialer), hele selvaktualiseringstanken
med dets legitime ret til at udfolde sig helt frit – i et aktivt samvirke med
verden (den verdensnære selvrealisering), viser sig, ifølge Reckwitz, også i
arbejdslivet, som skal være motiverende indefra gennem at skabe mening
og glæde.

Det gode (arbejds)liv er og bliver det autentiske (arbejds)liv og vice versa,
og hvor fornemmelsen og den følelsesmæssige stemthed udgør kriteriet
herfor, udgør evnen til selvtransformation samtidig et stærkt stigende
præstationskrav.[110]

Vi har altså at gøre med et selvudfoldelsesimperativ kombineret med en
social prestige og statustilegnelse, en grænseløs aktivisme, hvor målet er at
mobilisere alle de potentialer, man gemmer på, og bringe dem til
udfoldelse, til den størst mulige livsfylde.

Denne romantiske bevægelse indad (selvrealisering) og borgerlige
bevægelse udad (prestige) udtrykker, ifølge Reckwitz, en paradoksal
performativ attraktion som livsstil, da en vellykket selvudfoldelse fordrer
en individuel særegenhed (autenticitet) og personlig alsidighed (kriteriet
for at blive anerkendt af omgivelserne).

Det er præcis denne dobbelte bevægelse vi finder gengivet i
kombinationen mellem den indre regenerative (spirituelle) rejse og den
ydre regenerative (systemiske) fællesskabs-, kollektive og kollaborative
orientering i den regenerative diskurs (jf. fx Hutchins, 2022).

Grundlæggende handler det således her om at stoppe op og overveje hvad
et vellykket selv er, og hvordan en tilfredsstillende livsførelse bør forme sig,

---

[110] Således er dette også en krævende (arbejds)livsførelse med en stærkt stigende
mængde af utilstrækkelighedslidelser og skuffelseserfaringer, konstaterer Reckwitz.

om hvordan den affektive pirrelighed og det skabende individs psykiske struktur kan (re)generere en nysgerrighed, en higen efter det nye, det skjulte og det overaskende, samt om hvordan en grundlæggende jeg-vitalitet og skabertrang, som stræber efter at realisere og forme sig selv kan udmønte sig i kreative handlinger og en viljesbetonet transformation af sit liv, som netop muliggør et afbræk fra (degenererende) tvangsprægede gentagelser. Endda specielt med tanke på vareliggørelsen af 'det regenerative':

En øvelse

Diskutér følgende (i en gruppe): I hvilken udstrækning er den dobbelte bevægelse i 'det regenerative' ligeså paradoksal for individerne som den fremstår ifølge Reckwitz? Og; repræsenterer 'det regenerative' nogle helt andre kriterier for en 'tilfredsstillende livsførelse' end som det fremgår hos Reckwitz?

Hele den regenerative livsførelses omvendingsfigur, omvæltningen af et mønster, som drives frem af en emotionel uro og spænding, og som frisættes via legende eksperimenter, udgør netop (jf. ovenstående) *the selv-growth-psychology* og *the human potential movement*, og Reckwitz påpeger endvidere, at denne psykologiske model for menneskelig velvære akkurat sigter på at mobilisere det psykiske potentiale, der i princippet er uudtømmeligt, hvilket således udgør det terapeutiske imperativ; at blive det selvaktualiserende menneske.

For at parafrasere Maslow, så må mennesker forblive loyale over for deres oprindelige natur, hvilket i praksis medfører at realiseringen af et indre autentisk selv er ensbetydende med selvvækst. Her klinger menneskebilledet inden for den regenerative diskurs utvivlsomt med.

Herved fremgår det tydeligere hvordan det psykologiske menneskesyn i den regenerative bevægelse hviler på inspirationer fra bl.a. Abraham

Maslow, Carl Rogers og Rollo May, hvorfra fx den såkaldte værens-motivation sigter på det enkelte øjeblik i al dets intensitet.

I form af bl.a. den "oceaniske oplevelse" og "mødet med naturen" kaldes der her på en åbenhed over for oplevelser og æstetiske erfaringer via møder med verden, hvor man netop åbner sig for jordkloden (via såkaldt *sense-responding*) i stedet for at forsøge at forme eller kontrollere den, hvilket Reckwitz i øvrigt anslås som en intens æstetisk-kreativ aktivitet.[111]

Vi kan hermed konstatere, via dette perspektiv fra Reckwitz, at den regenerative psykologi og den dertil knyttede menneskeopfattelse svarer til og udtrykker et billede af selvsamme senmoderne subjekt, som Reckwitz beskriver det, og hvor permanente opmærksomhedstransformationer, *flow*-oplevelser (jf. Csikszentmihalyi), strømmende handlepraksis, lydhørhed, "at lade tingene være, som de er", at åbne sig selv perceptivt, er udtryk for en indlejret regenerativ kreativitets-teknologi, der sigter på en eksperimentel habitus, et dobbeltblik (det sjælelige blik indad (ens egen natur) og det systemiske blik udad (det levende økosystem)) – og hvor den skabende potentialitetsudfoldelses-træning udtrykker:

"Idealet om et subjekt, der er i stand til at forbinde sin indre higen efter selvudfoldelse med den sociale nødvendighed af kreative problemløsninger i hverdagen, på arbejdspladsen og i samfundet som helhed."[112]

Kulturel regenerations-ledelse og atmosfæriske erfaringer: på vej mod en regenerativ livsæstetik

Ifølge Reckwitz kalder ressourceselvets senmoderne psykologi på en specifik ledelsesform, som støtter det aktive, problemløsende subjekt og hans eller hendes tiltagende oplevelseskvalitet. Det gælder om, fortsætter han, som leder, at forvalte den psykologiske styring af den kreative selvstyring, dvs. at fremme og forstærke de gældende potentialer, understøtte produktivitet og vitalitet, og "rådgive" således at den pågældende medarbejder, kollega, el.lign. udvikler sig selvstændigt på en

---

[111] I den forbindelse påpeger Reckwitz følgende i *Singulariteternes samfund* (note 34, s. 74): *"Hartmut Rosa diskuterer en specifik, normativt fremhævet form for afficering under overskriften "Resonans"."* Se *Resonans* (2016/2021). Reckwitz er endvidere inde på betydningen af at kunne tænke divergent og at heterogene grupper fremmer kreativiteten, hvilket udtrykker divergenstænkning. Se fx Hutchins & Storm (2019) for konceptet omkring 'Livets logik', hvor triaden konvergens, divergens og emergens følger og udtrykker en lignende opfattelse i forhold til at arbejde regenerativt på livets præmisser, som det formuleres.
[112] *Kreativitetens opfindelse*, s. 234.

sund måde, dvs. opdyrker sin individualitet og udvider sit erfaringsgrundlag. Reckwitz henter her inspiration fra Foucault og hans tanker om *governmentality*, dvs. styring af selvstyringen. [113]

I forhold til planlægningen og styringen af kulturelle regenerations-processer, peger Reckwitz bl.a. på, at styringerne af kombinationerne i den kreative human-kapital, fx teknologi og talent, skal sigte mod at skabe attraktive steder for den kreative klasse og den kreative økonomi, dvs. muliggøre rum som er kendetegnet ved kulturel mangfoldighed og åbenhed samt formår at kunne tilbyde oplevelser af højeste kvalitet.

En sådan form for kultur-ledelse skal med andre ord evne at understøtte tilblivelsen af rumlige transformationer, højne livskvalitet og producere nye narrativer. I det hele taget må en sådan kulturel regenerations-ledelse mestre at danne (og styre) atmosfærer samt befordre intens vitalitet – dvs. atmosfærer af *utæmmet dynamik og diversitet*.[114]

Hvad angår de regenerative kulturaliseringsprocesser gælder det således, ifølge Reckwitz, om at påvirke og forstærke de allerede igangværende kulturelle processer, hvilket således kan formuleres som "en indirekte kreativitetsstyring", der opfatter sin genstand som kreativ og dynamisk fra naturens hånd.

Selvets kreativitet og indretningen af miljøer som funktioner af mulige begivenheder (jf. Foucault) styrkes herved af en sådan regenerativ kulturorienteret *governmentality* med henblik på at virkeligøre en (i forvejen allerede) levende, kulturel autonomi. Reckwitz påminder om at

---

[113] Hele denne "ressourceselvets psykologi" hviler på en præmis om at subjektet helt naturligt foretager en kreativ selvtransformation, bemærker Reckwitz. Specielt i *Leading for Regeneration* (2012) er der en række interessante overvejelser over lederes etiske kapacitets-niveau og det organisatoriske moralske modenheds-niveau ift integrationer af regenerative processer og interventioner via et såkaldt Regenerativt Kapacitets-Indeks, der følger samme spor. I *Thriving* (2022) lykkes det bl.a. at få tydeliggjort, hvordan regenerative omstillingsprocesser både involverer naturen, samfundet og økonomien samt hvilken rolle ledere og organisationer spiller i den sammenhæng, til hvilken der knytter sig seks karakteristika for lederskabets regenerative praksis – samt opøvelsen heraf.

[114] Reckwitz definerer i *Kreativitetens opfindelse* begrebet om atmosfære som; "*… et rumligt arrangement af objekter og subjekter som kan afføde en bestemt affektiv stemning eller stemthed, når det opfattes sansemæssigt og filtreres gennem kulturelle forarbejdningsskemaer.*" (s.296) (Hvor 'æstetiske atmosfærer' er atmosfærer, der sanses for deres egen skyld…). Hutchins (2022) betoner igen og igen betydningen af opøvelsen og praktiseringen af den såkaldte *sense-responding* og den regenerative leders evne til at kunne integrere *the Field-experience* i sin regenerative praksis. Hvad angår begrebet om 'atmosfære' kan man formentlig få en del ud af at læse sig ind i Peter Sloterdijk's begreb om 'sfærer' – på dansk findes dette i uddrag i *Værens domesticering* (1998/2020).

Foucault om nogen har tydeliggjort at en sådan ledelsesform længe har gjort sig gældende/har tilstræbt at gøre sig gældende i forhold til emner som: Livet, Naturen, Samfundet og Markedet (hvor netop promoveringen af livet, påpeger Reckwitz, forvandler sig til kreativitetens vitalisme).

En vigtig og absolut væsentligt pointe i den kulturelle regenerations æstetiske *governmentality* er imidlertid, ifølge Reckwitz, hensynet til bæredygtigheden, hvor den økologiske kritik af sansemæssigt tilfredsstillende områder og miljøer, der kulturaliserer sig selv, tilstræber at (re)generere æstetisk tilfredsstillelse i ligevægt og balance, en økologisk kritik som ikke blot går på den civile kreativitet, men også på de kreative byer og den dertil knyttede statslige *governmentality*, hvis styring søger at øge mængden af stimuli og fremme økonomisk vækst.

Således er der, i ambitionen om den kontinuerlige livskvalitets-forbedring, indlejret et æstetisk *og* et etisk formål i den kulturelle regenerations-ledelse, hvor den konkurrenceorienterede *governmentality*, med dets blik på kulturen som en mangfoldighedsressource og med et mål om attraktive egen-logikker, ifølge Reckwitz, i sidste ende bliver til spørgsmål om singularitets-kapital og singularitets-styring[115]

En øvelse

Reflektér over ledelsesbegreber i 'det regenerative' (fx i mit bind 1) og forhold dette til ovenstående 'governmentality'.

Diskutér endvidere hvordan vi undgår at 'den regenerative fordring' bliver det næste store pres på ledere og andre individer som fx kan føre til yderligere stress, burn-outs og depression (jf. nedenstående citat):

---

[115] Dvs. en kapitalisering og ledelse af det særegne med henblik på at fremelske dette i sin egen selvberoende og selvberigende originalitet. Hvor man i dele af den regenerative bevægelse og dertil knyttede diskurs møder afkoblingen fra den menneskefokuserede interesse, der erstattes af en aktiv klimabevidsthed, som sætter naturen og dens egendynamik og økosystemiske liv i centrum, kan man også møde tanker og taler om fx regenerativ kapitalisme (jf. John Fullerton) og regenerativ økonomi (jf. fx Peter Hesseldahl, m.fl.) – som bl.a. fokuserer på hvordan nedbrudte økosystemer genoprettes via sådanne styringsformer samt mere eller mindre tavse etiske og moralske doktriner for korrekt og korrektiv regenerativ adfærd. Hvad angår det senmoderne samfunds affektorientering og selvudfoldelses-interesse samt opgør med modernitetens standardiseringer, rationaliseringer og kølige logik er der her en del synteser og brydningsflader at spore i det regenerative felt.

Som afslutning på dette afsnit vil jeg anslå Reckwitz' pointe om, at der i singularisengs-processer, som han formulerer det, sker alt andet end en frisættelse af det individuelle.

Det er snarere en højdynamisk social fabrikation af særegne objekter, subjekter, begivenheder, steder og kollektiver. Og videre end det:

"Denne livsstil, hvor det romantiske indgår i en syntese med den borgerligt-statusorienterede tradition, fungerer ikke blot som en motor for mere autonomi og flere oplevelser af, at ens ønsker går i opfyldelse, men også som en systematisk (re)generator af skuffelser, der i værste fald kan slå om i alvorlige psykiske sygdomssymptomer, frem for alt depression, der efterhånden er blevet det klassiske sygdomsbillede i senmoderniteten."[116]

Vi bevidner hermed, ifølge Reckwitz, selvrealiseringens kulturelle krise og de psykiske grænser for vækst, og spørgsmålet opstår hvordan det er muligt at trække sig ud af selvrealiseringsspiralen?

Her sigtes der bl.a. på fremmedgørelse, omsorgsetik og det skabende samt nydende menneske; *homo aestheticus.*

Reckwitz kommer med to bud, der kan have interesse inden for regenerative bevægelser og tiltag – og som den interesserede læser/studerende opfordres til at øve sig i/med:

1. Man kan arbejde med en såkaldt *profan kreativitet,* hvor man frigør sig fra et publikum, og som, ifølge Reckwitz, udgør en lokal, folkelig og situationsbestemt kreativ praksis – der kan udmønte sig gennem fire forskellige konstellationer:

   a. *Improvisationer* – som udgør handlinger "på stående fod" i overensstemmelse med en bestemt situations krav, og som er kendetegnet ved en blanding af målrationalitet og aktivitet uden noget bestemt formål.
   b. *Eksperimenter* – som distancerer sig bevidst fra praksissens rutiner og behandler dem som undersøgelsesmateriale.

---

[116] *Singulariteternes samfund,* s. 381.

c. *Idiosynkrasier* – som skal forstås som de særheder ved et individs afvigende handlinger, der kan fortætte sig til en smagsbestemt individualitet og en individuel psykofysisk habitus.

d. *Hermeneutiske net* – som udgør en række semantiske og narrative processer, hvor individer eller grupper spinder sig ind i et netværk af affektivt ladede betydninger, fx i form af selv-narrativer.[117]

2. Man kan arbejde med det som Reckwitz betegner som *hverdagens gentagelses-æstetik*, der bremser strømmen af mental aktivitet, hvor det handler om oplevelsen af det immobile (jf. Sloterdijk) og det ikke-dynamiske (jf. Agamben). Her sigtes der på det receptive, spadsereturen, den kompetente gentagelse, om at rette opmærksomheden mod det, der hele tiden udfolder sig, den rene perception, som, ifølge Reckwitz, både minder om en zenbuddhistisk meditationspraksis og samtidig kan udtrykke romantikkens sensibilisering over for naturoplevelser. Med inspiration fra Foucault handler det her om rutiner i en hverdagslig omsorg for selvet (sin egen sjæl, kroppen, hverdagsobjekter og andre subjekter), og hvor af-dynamiseringen er forbundet med gentagelsen og erfaringen af stilheden (*stillness* – roen, stilstanden og ubevægeligheden).

Således drejer det sig, ifølge Reckwitz, i sidste ende om selvbegrænsninger, der er "økologiske" i ordets bredeste betydning, dvs. at holde hus med sig selv og sin livsførelse, gennem ikke mindst, at;

"… bremse nyhedsregimets tomgang ved at sænke tempoet og fremelske en højere grad af koncentration og at bryde afhængigheden af et iagttagende publikum ved at skabe flere muligheder for at unddrage sig andres blikke."[118]

Afslutnings-øvelse

Reflektér og diskutér (alene, parvis eller i en gruppe) hvordan og hvorvidt Reckwitz' "profane kreativitet" og "hverdagens gentagelses-æstetik" kan oversættes til den regenerative (ledelses)praksis?

---

[117] *Kreativitetens opfindelse*, s. 343. Reckwitz anfører følgende hertil: *"I alle fire tilfælde kombineres den æstetiske produktion med en æstetisk oplevelse af selve processen."*
[118] Ibid., s. 350.

Skriv ned her (også gerne tanker fra hele afsnittet):

____

____

____

____

____

____

____

____

____

____

____

____

____

____

____

____

____

Protreptik i *ny* praksis; en regenerativ ledelsesfilosofi

> Det lederskab, der formår at lære af filosofien og af protreptikken,
>
> har nøglen til fremtiden.
>
> *Kirkeby[119]*

Om at tage livet op til revision

I dette afsnit vil jeg arbejde mig ind i Ole Fogh Kirkebys ledelsesfilosofi. Nærmere bestemt vil jeg udforske og gøre brug af hans mangeårige studier i den filosofiske samtaledisciplin og kunstart; protreptikken – om hvilket han har skrevet ikke så få bøger.[120] Gennem mine selektive læsninger vil jeg starte med at anslå hans kapitel 3 i "Det nye lederskab", hvor han undersøger spørgsmålet om, hvordan ledere kan gøre deres tale utvetydig og ærlig, fordi vedkommendes tanker er det. Han introducerer hermed "den store firkant" om hvilken det gælder, at det er "den vestlige kulturs normative forankrings-punkter".[121]

Hjørnestenene i denne græske firkant er begreberne; 'godhed', 'retfærdighed', 'skønhed' og 'sandhed', som er meningsenheder og døre ind til betydningsverdener, som det formuleres af Kirkeby. Centralt i firkanten befinder 'friheden' sig, fordi, som Kirkeby minder os om, at det kun er; "muligt for alvor at forholde sig til disse normer, hvis man gør det ud fra et frit valg og dermed ud af et helt hjerte."[122]

Det gælder med andre ord om at udforske etikken (godheden), politikken (retfærdigheden), poetikken (skønheden) og retorikken (sandheden) i ens liv og lederskab, hvilket bl.a. kræver mod og ydmyghed. Som det skrives på

---

[119] Begivenhedsledelse og handlekraft, s. 280.

[120] Kirkeby, s. 263 (2006). Kirkeby udvikler i de kommende 10 år (2006-2016) en lang række tanker og skrifter om protreptikken, som følger: "Menneske og leder. Bliv den du er", kapitel 5, s. 111-148: "Selvet sker. En erkendelsesteoretisk grundlæggelse af protreptikken", s. 38-44 og del IV, s. 463-545: "Den frie organisation", s. 59-64 og s. 264-272: "Eventologien" (i udvalg): "Hvem er jeg?", s. 199-223: "The New Protreptic. The Concept and the Art", og: "Protreptik. Selvindsigt og samtalepraksis", som læseren selv kan gå på opdagelse i efter behov.

[121] Kirkeby, s. 31. (2004).

[122] Ibid., s. 32.

samme side, så udgør disse; "såkaldte regulative ideer, pejlemærker for ethvert seriøst menneskes vej."

Kirkeby gennemgår i hovedtræk meningen med og betydningen af det gode i livets lederskab og lederskabets liv, hvor fx ansvarlighed, samvittighed, respekt, forøget sensibilitet og derpå også empati spiller en central rolle. Han tydeliggør hvordan det retfærdige hænger sammen med anerkendelsens praksis, og hvordan evnen til nærvær, og dermed spændingen mellem ret og pligt er vigtige aspekter i livets politik og inden for det politiske lederskab.

Endvidere udfolder han sandhedens betydning bl.a. ift organisatoriske narrativer og livsvejens retorik, og hvad angår poetikken og skønheden drejer dette sig om livsopfyldelsen og de opmærksomheds-forvandlende aspekter i tilværelsen som sådan; om at finde en ny form at handle ud fra.

Og når 'friheden' står helt central, sigter det bl.a. på glæden ved afmagten, viljen og evnen til at forme sit liv, den personlige autonomi; at være årsag til sit eget liv, grundlaget for sin egen begyndelse, at være herre i eget hus, hvor det gælder om at kunne balancere mellem handlefrihed og anerkendelsen af nødvendigheden, dvs. klart og nøgternt, at kunne skelne mellem det, man kan forandre, og det, man ingen indflydelse har på. Som det skrives: "Virkelig frihed handler om at turde sætte sig selv på spil i varetagelsen af andres tarv."[123]

Hvilke tanker vækker dette?

Skriv ned her:

____

____

____

Året efter (i 2005) optræder Kirkebys tanker om 'eventualerne' i bogen: "Eventum Tantum – begivenhedens ethos", nærmer bestemt i bogens sidste del (kapitel 19).[124]

---

[123] Ibid., s.43.

[124] Som det skrives, er eventualerne; "måder at eksistere på, der retter sig mod begivenheden med del mål, at være på dens præmisser. Grundlaget for virkeliggørelsen af begivenhedens ethos." (s.571).

Her følger i sammenfattet form Kirkebys tanker om; "begivenheden som en zone, der kommer med tomheden til os, og som vi har pligt til at tømme"[125]:

1) Den positive afmagt; som er handlingens zone
2) Even til at modtage i frihed; som er den kritiske indstilling
3) Åbenhedens rummelighed; som er, at ville de andres frihed
4) Evnen til at forstå den fremmede; som er, at (kunne) lade den Anden befri sig
5) Even til at lade sig ske; som er viljen til at (kunne) besejre sig selv

Hvilke tanker vækker dette?

Skriv ned her:

____

____

____

I Kirkebys afsluttende kapitler (kapitel 20 0g 21) indtræffer nogle vigtige refleksioner over 'autenticitet' og 'heteroenticitet', som kredser om at "være værdig til begivenheden", dvs. at kunne lade dé,t der sker med os, ske. Her skrives det, at begivenhedens tomhed er dragende, og at en ægte attrå hertil handler om at sige "Ja" (*Synkatathesis*), og at denne gestus sigter på at ville forvandle det, der sker, dvs. at ville vende kraften mod magten.

Det er med andre ord en kamp for frihed, friheden til at kunne handle, og udfolde sig, og ikke mindst i; "at holde det skeendes plads åben", aldrig opgive håbet. Dette arbejde sker i det daglige; ved fx at føle omsorg, vise sig værdig til sit eget liv, med sjælsstyrke og storsind, og ved at åbne øjnene, og dermed give rum til begivenheder, der ikke tilhører os.

---

[125] Kirkeby, s. 536. (2005). Man kan med fordel læse uddybningen af eventualerne på side 537-548, og hvor det fremgår at det femte eventuale kropsliggør klimaks, nemlig ved, at; "gøre sig værdig til begivenheden", som dermed udtrykker graden af den etiske sans, som ifølge Kirkeby, er trans-psykologisk, og hvorom det gælder, at enten; 1) tilstræbe at forvandle dét, der sker i et ideals billede (Jf. Aristoteles), eller; 2) at binde det til en personlig (restorativ) moral (jf. stoicismen).

Vi må kort sagt vente på at begivenheden kommer til os gennem;

1) at give vores liv til øjeblikket
2) at stille vores sanser i det Andets tjeneste
3) at lade det rette øjeblik eksistere sig
4) at findes på vegne af alt levende, hos det.[126]

Hvilke tanker vækker dette?

Skriv ned her:

____

____

____

Således handler denne dialektiske dialog om at udvikle gode ledere gennem at tilskynde den kommende leder til at bevidstgøre og fastholde det normative udgangspunkt for sine handlinger. Det gælder om at vende det andet menneske mod det efterstræbelsesværdige for det selv og for fællesskabet, om at lade sig godt råde af sig selv samt om at opfordre til mildhed.

De protreptiske principper, sigter med andre ord, ifølge Kirkeby, efter at anspore mennesker til at forme deres liv efter det gode, om at finde balancen i sit liv mellem *logos, patos og etos*, og om at finde et harmonisk ståsted i og med det retfærdige, samt ikke mindst om, at lytte til den andens stemme, og bevare vedkommendes hemmelighed.[127]

Vi hører endvidere at "sjælens samtale med sig selv", gennemtrækkes af nogle grundstemninger, om hvilke det gælder om, at gøre sig sin selvfornemmelses stemthed bevidst, da disse er ens indstillinger til begivenhederne, som sker med én, og derved aktivt modne sig til at "være til på det andets vegne" (jf. *heteroenticiteten*; at være i begivenheden på de andres vegne). Og således møder vi eventualerne (dvs.

---

[126] I 2006 udkommer Kirkeby med: "Begivenhedsledelse og handlekraft", hvor 'begivenhedens ethos' bl.a. genspilles på side 33-37. Her skrives der på side 36; "evnen til at modtage begivenhedens budskab i den rette ånd."

[127] Kirkeby, s. 246-249. (2006). Hvad angår logos, patos og etos, nævner Kirkeby (på side 275) at det gælder om at finde balancen mellem den kritiske fornuft, lidenskaben og rejsen mod sig selv.

heteroenticitetens praksiszoner) igen; denne gang i en noget mere udfoldet udgave end tidligere. Lad os opsummere disse:

1) *Heterotelos*; ordentlighed. Evnen til at forme sit liv i det godes billede; at kunne blive hændt af det gode, hvor de positive grundstemninger bl.a. er undren og skabelse
2) *Synkatathesis*; redelighed. Den frie accept, hvor de positive grundstemninger bl.a. er selvstændighedsfølelsen og myndigheden; alvoren og det nøgterne håb
3) *Lepsis*; varsom formningsvilje. Viljen til at ville essensen i rummet og stedet i form af de andres frihed, hvor de positive grundstemninger bl.a. er kærlighed og generøsitet
4) *Katafygé*; generøsitet. At modtage, hvor de positive grundstemninger bl.a. er taknemmelighed og glæden; lettelse og munterhed
5) *Prosoché*; opmærksomhed. Evnen til at søge, og afvente, afstå, hvor de positive grundstemninger bl.a. er nærvær og lydhørhed; medleven og inspiration
6) *Ergon*; anstændighed. At overgå sig selv ved at modtage sig selv fra begivenheden, hvor de positive grundstemninger bl.a. er modet og selvovervindelsen; entusiasmen.[128]

Hvilke tanker vækker dette?

Skriv ned her:

____

____

____

Denne dialogiske kapacitet (s. 274), som således sigter på at konfrontere ens eksistens med filosofien, lader det betydningsfulde komme til orde, hvilket Kirkeby, omtaler som en *rydning*, en tom plads, hvor et rum i begivenhedens midte åbnes (s. 272).

---

[128] Kirkeby, s. 255-258 (2006). Længere fremme skrives der, at eventualerne er veje til at forstå mønstre i den praksis, der skaber vores selvfornemmelse (s. 259), og at protreptikken bygges op omkring heteroenticiteten, altså ud fra eventualerne (s.262).

Herved dyrkes refleksionen, som et midlertidigt fristed, en besindelsespause, som retter sig mod "den menneskelige natur" (s. 266), med en eksistentiel betydning, hvis grundstemning udgøres af en konstant, behersket, men intens glæde ved at være til (jf. livslykken; *eudaimonia*, s. 266).

Denne filosofiske aktivitet og konkrete livsførelse samt dialogiske dannelsesform, udfolder sig hermed, ifølge Kirkeby, som en frigørelse og en sjælelig fred skabt i kraft af en indsigt, som den handlende føler, og det skyldes, at:

"Filosofien er den eneste virkelig eksakte måde at betragte livet på. Filosofien er den eneste aktivitet, der er mål i sig selv, den er den eneste aktivitet, hvorigennem mennesket kan være frit, fordi den kun opfylder det formål at være rettet mod sig selv."

Hvilke tanker vækker dette?

Skriv ned her:

____

____

____

Den regenerative betydningssans

Vi må tale om tingene, handle på dem, gå i dialog, men ikke, som Kirkeby påpeger, som en mikro-intim-teknologi, med;

"… den strategiske lytten, den raffinerede udspørgning, den skjulte trussel, den camouflerede befaling samt den positive og negative feedback, alle anerkendelsens varianter og det raffinerede tilsagn om at give, tilbageholde, modtage og afvise tillid samt de måder, hvorpå man underkender indsatser og personligheder."[129]

Det skal være ægte, med en integritet, troværdighed, pålidelighed, oprigtighed, redelighed og ærlighed, m.m. for at udtrykke et godt regenerativt lederskab og en autentisk dialog. Den regenerative leder må,

---

[129] *Den frie organisation, s. 42 (2009).* Følgende passager arbejder inden for side 43-73 i samme bog.

som Kirkeby påpeger, nemlig levere varen via sit nærvær, sin opmærksomhed og åbenhed samt en evne til at lytte:

"Den autentiske leder kan hæve sig op over sig selv gennem en kompromisløs refleksivitet."[130]

Med andre ord skal den regenerative leder være i kontakt med sig selv gennem "sjælens samtale med sig selv".

Kirkeby arbejder med et begreb om 'betydningssans', som refererer til det han kalder for "det tredje jeg", som er et jeg, der ikke taler, men snarere fornemmer. Hvor det såkaldte jeg-1 og jeg-2 forholder sig til menings-planer, og er de stemmer i os, der har samtaler om, hvad der sker, så er det tredje jeg snarere et vidne, en tavs (indre) dommer, et spejl, etc.

Herved bestemmer Kirkeby 'autenticitet', når jeg-1 og jeg-2 (på henholdsvis menings-1's plan og mening-2's plan) fører dialog, hvor der også er åbnet for dialog om den pågældende dialog. Dertil følger, at jeg-2, som er det refleksive jeg, spontant eller (selv)kritisk-analytisk navigerer ud fra værdier.

Den gode, regenerative leder er således den, der formår at lægge mening-2 frem på mening-1's plan – hvilket gør vedkommende og dialogen autentisk.

Hvilke tanker vækker dette?

Skriv ned her:

____

____

____

Hvad angår betydningssansen, som tilhører det tredje Jeg, vedrører denne begivenheds-fornemmelse selve begivenhedens betydningsplan, og dermed hvad Kirkeby kalder for "den tomme plads".

Det tredje jeg er forbundet med denne tomme plads, og har sans for betydningens begivenhed, og arbejder netop gennem og med de betydninger, der er foldet ind i menings-planerne.

Som Kirkeby skriver det:

---

[130] Ibid. s. 44.

"Vort tredje jeg indeholder alt det, som vi er på vej til at blive ... i det øjeblik, hvor begivenhedens tomme plads og det tredje jegs uendelighed berører hinanden, er vi fuldkommen fri."[131]

Således er det tredje jeg det, som dialogen (indre såvel som ydre) taler for, og man kan anføre at dette virtuelle jeg er frisættende.

Hvad angår 'betydningen' betragter Kirkeby det som et meget rigt register af stemninger, som viser ind/ud i et uendeligt rum, et tilstedevær, en stor åbning, en horisont, en afgrund, som han betegner som værende en transcendent immanens, og skriver:

"Der er mange døre og mange veje, men vover man at gå ad en af dem, og en må man vælge, så går man ind i selvets spor, et spor, der bliver til, mens man går det. Mange har talt om en 'kalden' her, om en stemme, 'samvittighedens røst' er måske dens første klang, men kaldet er vi altid, hvis vi har mod og vilje til at lytte."[132]

Hvilke tanker vækker dette?

Skriv ned her:

____

____

____

Nærmere bestemt tilhører følelseslivet jeg-1's sfære, med affekter, lidenskaber og diskursivt artikulerede tilstande, og sprogliggør således også stemningerne. Betydninger optræder herved, ifølge Kirkeby, ikke som mentale størrelser, men er dem, der fx får skønheden til at ske.

Betydningerne giver os med andre ord et vink, angiver nogle spor, som vi kan fornemme – og de bryder igennem som noget bærende – netop betydningsbærende. Stemningerne er derimod knyttet til vores selvfølelse.

---

[131] Ibid., s. 58. Man vil her kunne foretage nogle frugtbare koblinger til bl.a. temaer som: "sense-responding", "livets logik: konvergens (jeg-1 & meningsplan-1), divergens (jeg-2 og meningsplan-2) og emergens (jeg 3 og betydnings-dimensionen) samt de tre linser/optiker som bl.a. Storm & Hutchins har skrevet en del om, jf. "øvelser om tid, liv og optik".

[132] Ibid., s. 60. På side 61 omtaler Kirkeby det tredje jeg som et livsprincip, som Tâo.

Kirkeby giver et eksempel på forskellen mellem en følelse, en stemning og en betydning. Fx er lysten primært en følelse, som netop er svingende og flygtig, men kan blive en stemning og dermed en livsholdning, som ved "lysten til at leve".

Men det gælder om en stemning at den er mere omfattende, mere permanent og mindre bundet til bestemte hændelser – end følelsen er. Glæden kan fx være en følelse, men er snarere en stemning, og kan som betydning fortrylle virkeligheden, som "et indre mirakel, der blot vælger at ske".

Og hvor kærligheden nok kan være en lidenskab, er den dog, ifølge Kirkeby, mere end en stemning, nemlig en grundindstilling – hvor den herved ligner glæden. Men der er ingen tvivl om, for Kirkeby, at kærligheden er en betydning, fordi den er et mysterium.

Hvilke tanker vækker dette?

Skriv ned her:

____

____

____

Pointen med dette er, at det tredje jeg lytter til det usagte; det sigende i det sagte; mysterierne, miraklerne, det, der sker – også selvom det ikke (umiddelbart) giver mening, så kan det nemlig sagtens være fuld af betydning, som man siger.

Således udgør det tredje jeg, "det navnløse hængsel", og udgør samtidig sansningens tankemæssige kvalitet, at det tænker i sansen, at det er sansningens tanke, som Kirkeby formulerer det.

Det tredje jeg er derfor også "kropstanken", og udgør således organismens grundlæggende drivkraft, den særlige, unikke måde at sanse på, den helt specielle *forhekselse* og særegne fortryllelse af verden; det er også her, i denne midte, at visheden bor, og hvorfra nærværet til at sætte den anden fri sker (resonans-temaet stemmer klinger her knitrende med).

Frisættelse og generøsitet

Vi lever i et morads af mere eller mindre ubegrundede henvisninger til mennesket
som et 'naturvæsen' eller 'gruppevæsen', hvor en række af det moderne
samfunds destruktive kommunikationsmekanismer begrundes ud fra en biologisk-
antropologisk eller systemisk logik.

Kirkeby[133]

Med denne åbning af Kirkeby, jf. ovenstående citat, udtrykkes der en stor
interesse for det han betegner som, *at skære sig fri* via en radikal, normativ
skarphed. Der kræves som han siger, en oprørsk, en utæmmelig
dømmekraft. Således søges der hermed efter en fjernelse af en herskende
tæmningspraksis og en (gen)etablering af et frihedsrum, der typisk er og
har været bundet til dyret.

Som Kirkeby er inde på forbindes dyret som oftest med vildskab, tæmning,
dressur, domesticering eller opdragelse, og påminder os om at tæmning
har med "at husliggøre" at gøre, og dressur med "at dirigere" at gøre.

Vi (de tænksomme væsener) vil lige så lidt som dyrene og naturen længere
lade os huslig*gøre* eller bestyre – vi vil også genforvildes, og ikke længere
undertvinges, underkues eller beherskes, og samtidig vil vi heller ikke stå
model til at betvinge, kue eller båndlægge længere, hverken dyrene,
naturen og os selv – og hinanden.

Vi vil frisætte – og vi vil frisættes!

Ud med undertrykkelsen… væk med den sjælelige tæmning…

Hvilke tanker vækker dette?

Skriv ned her:

____

____

____

---

[133] *Den frie organisation, s. 124 (2009)*. Forordet arbejder inden for side 125-129 i samme
bog.

Det er fantasien, som er det utæmmede, som ikke vil lade sig tæmme,
bemærker Kirkeby, og fortsætter:

*"Intet tæmmer mere end mening. Det utæmmede er, således det, der
sætter meningen med meningen på spil. Det utæmmede er det, der ikke vil
acceptere, at mening åbenlyst giver mening."*

For det giver jo ikke mening mere – og har sikkert ikke gjort det længe –
som hele den regenerative bevægelse er et udtryk for – og som den igen og
igen påminder os om.

Spørgsmålet, som Kirkeby er inde på, er, om vi bevidner og skal praktisere
en radikal afvisning af mening i det hele taget eller aktivere en skabelse af
et nyt meningsspil?

Nonsens det hele – eller en modmening, stilhed (zen), blottelsen af en
plamage af tomhed, som Kirkeby formulerer det, en indre uforstyrrethed,
refleksiv ulydighed – hvilket er al filosofisk refleksions begyndelse, eller
udforske spændingsfeltet mellem det potentielle og det virtuelle?

Hvilke tanker vækker dette?

Skriv ned her:

____

____

____

Lad os praktisere begge dele, både noget zen, og at komme i kontakt med
det, som vi ikke ved, at vi ved; lad os i det mindste dykke ind i betydningens
dimension, hvor det virtuelle hører til, forlade meningens format, og
dermed også det potentielle; lad os udforske betydningens begivenhed –
og knap så meget begivenhedens betydning.

Netop disse områder, og denne vej, som Kirkeby skriver om – og har
skrevet så meget om, giver den balstyrige menneskeforstand fodfæste. Her
kan vi praktisere det virtuelles utæmmelighed, "i sprækken mellem det, der
kunne have været, og det, der bør blive til", og herved blive
nødvendighedens gidsler for det virkeliges virkelighed.

Disse værdier, der ulmer 'under overfladen, og allerede er sat i værk,
berører netop begivenhedens hjerte, og fremkaster noget, som ikke har
kunne komme til orde, til sin ret.

Kirkeby skriver i sin bog: "Organisationsfilosofi" bl.a. om fire sociale
(leder)dyder, der alle forenes gennem én dyd, nemlig loyalitet.

Her fremstår mildhed, at dømme omsorgsfuldt og venligt, storsind,
anstændighed, selvomsorg og sårbarhed, ærlighed, samvittighed,
selvbeherskelse samt opøvelsen af en intens følsomhed og kontemplation
som værende centrale parametre og virksomme praksiszoner for
fremkomsten af loyalitet.

Og i hans bog om 'loyalitet' hører vi mere om loyalitetens byggestene via
følgende væsentlige opmærksomhedspunkter, nemlig; selverkendelsens
frirum, den nøgterne selvforglemmelse, det selvledende selvbedrag, selv-
bekræftelsen, selvfølelsen og selvagtelsen samt selvbesindelsen. Disse kan
måske pege på måder at kunne være i de *ukontrollerbare tomrum.*

Hvilke tanker vækker dette?

Skriv ned her:

____

____

____

Hele protreptikken er nemlig anlagt med henblik på at de involverede
samtalepartnere indfinder sig på "den tomme plads", som er en
erfaringssfære, der, som nævnt, kan gå under mange navne, som fx det
ubestemte, ubetegnede, mødet med det endnu uerkendte, den
afklædende åbning, det nøgne tomrum, begrebets bristepunkt,
tilværelsens lysning, begivenhedshorisontens sammensmeltning, etc.

Hele den filosofiske interesse og kanon kredser om dette ikke-sted (jf.
utopia fra græsk topos, som betyder sted), hvor indsigten opnås ... eller
skulle man skrive, hvor indsigten opnår én.

Fordi, der netop i dette møde erfares et fundamentalt og væsentligt
vendepunkt, som beror på en art radikal sammenklapning mellem den, der
har indsigten, og indsigten som én erfarer, rammes det sprogbårne
menneske også af en forbløffelse og en tavshed, der kan foranledige én til
at kategorisere dette som en mystisk erfaring, hvor sproget ikke kan nå
hen. Her sker vendingen – *Anagnorisis*!

Imidlertid er denne tomrumserfaring også kendetegnet ved en grundlæggende almindelighed, fordi tingene viser sig for hvad de er, alt falder ligesom på plads, og det er som om, at sådan har det altid været, og man har egentlig været ganske klar over det hele vejen igennem, man havde bare lige glemt det, eller endog var blevet fremmedgjort over for denne "oprindelige og naturlige tilstand".

De store spørgsmål om hvorfor en sådan genuin filosofisk erfaring er relevant for mennesker, hvad det gør ved i den forstand indsigtsfulde mennesker, og ikke mindst hvordan man når dertil, kalder ikke mindst på den noget mere pragmatiske interesse, nemlig hvordan og hvorfor skal noget sådan gøre gavn inden for ledelsesmæssige sammenhænge?

Hvilke tanker vækker dette?

Skriv ned her:

____

____

____

Spørgsmålet er delikat, fordi det fortæller noget om, hvad ledelse er tænkt til at skulle være, og ikke mindst at skulle tjene til og gøre godt for. Hvis tilfældet er, som Rosa påpeger i sine bøger, at verden er forstummet for os, at vi har mistet betydningen for rummet, tingene, handlingerne, tiden, os selv og hinanden, kan det umiddelbart godt give mening, at en samtaleform som protreptikken kan føre os hen til en eksistenssfære og erfaringsform, der genetablerer sansen for det væsentlige.

Men ikke nok med det; hvis en sådan filosofisk dialogform indstifter muligheden for at mennesker sammen kan bevæge sig ind, ud, ned eller op, og erkende en værensform, der igen gør os intakte, knitrende og nærmest åndeløse i øjeblikket, må man også som leder forberede sig på frisættelsen af ånd, tænkning og handling.

Og præcis dette forhold sætter fokus på lederes funktioner og roller i morgendagens regenerative dagsorden, nemlig via de mageløse mange invitationer til kritiske og nytænkende perspektiveringer, resiliens og trivsel, oplyste forstyrrelser og bevidste chok og samtidig være eller blive i stand til at komme i "sync.", *in the zone*, i flow, etc.; i kontakt med noget væsentligt, som altid er og altid har været større end én selv.

Mødet med sig selv og den anden, tingene, handlingerne, tiden og rummet i denne ukontrollerbare livssfære får os til at komme på rette plads og indse det højere formål med tilværelsens spil. Her spiller det filosofiske lederskab godt sammen med genetableringerne af resonansakserne i det regenerative paradigme.

Hvilke tanker vækker dette?

Skriv ned her:

____

____

____

Dét, ekkoets etos som man efterlades med, når man kommer tilbage fra indsigtens lysning, klinger aldrig ud, men hensætter et menneske i den konstante vibrerende form for visdom, som bærer én videre frem og gennem tilværelsens udfoldelser.

Hvad bedre er, er at erfaringerne fra tomrummets genklang også viser sig at være karakteropbyggende; man aktiverer med andre ord en etisk stamina (græsk; Phronesis), og ved derved, hvad der er rigtigt, hvad der er væsentligt; hvad der er godt for helheden.

Således indskriver dette "wake up call" på tomhedens plads en helhedsorienteret bevidsthed med en sensitivitet, der svarer til fornemmelsen for at bebo de levende økosystemer gennem en fundamental generøsitet; spørgsmålet er imidlertid om hvornår morgendagens ledere kan, tør eller vil gå i gang med den transformative triade; regenerativ, resonans, protreptik?

For der kan ikke herske nogen tvivl om at ledere bliver nødt til at skulle arbejde sig ud af fremmedgørelsen, hvis vi skal bevare jordklodens, naturens, dyrenes og menneskenes liv med værdigheden i behold i mange, mange generationer endnu.

Er du klar, leder, til at lade dig lede af livet?

Hvilke tanker vækker dette?

Skriv ned her:

____

____

____

Om at blive til på det kommendes vegne

Det følgende er en sammenskrivning af hovedbudskaber fra Kirkebys tanker i: "Begivenhedsledelse og handlekraft" (2006, s. 181-191 & s. 245-253). Jeg har valgt at gøre nedenstående tanker til det teoretiske – og dermed kontemplative – grundlag for tre metodiske fremstillinger af hvordan vi nærmere kan foregribe det nuværende og støt kommende regenerative paradigmeskift.

Som det fremgår handler denne foregribelse mere om de indre stemninger og grundlæggende indstillinger, som dog også kan praktiseres i sociale og via med-menneskelige relationer.

Det bedste vi kan gøre er at finde grundlaget for at kunne gøre os værdige til det, der kommer til at ske, og for at kunne dette, må vi undersøge muligheden for at kunne blive til gennem begivenhedernes *ethos*.

Det kræver en form for skabende modtagelighed, en alternativ grundindstilling, som dels forudsætter en evne til at skelne mellem hvad der er i vores magt, og hvad der ikke er i vores magt, og dels, at gribe de muligheder, som de kommende begivenheder giver. Vi må med andre ord kunne give tilfældet chancen, og samtidig acceptere det uundgåelige.

Uanset hvad der kommer til at ske, må vi acceptere vores magtesløshed, og konstant tilstræbe at forme livet i det godes billede. Dette kræver ordentlighed, men også redelighed, fordi vi må give tilsagn gennem fri accept, og således praktisere en åben indstilling.

Samtidig må vi praktisere generøsitet, tilbyde fristeder, som gør det muligt at blive hændt af det gode, overgå os selv, søge og undersøge, uden at foregribe, skærpe vores opmærksomhed, og fuldføre, så godt vi kan, det vi skal, i anstændighed.

Med andre ord må vi tilstræbe at holde meningens rum åbent, vente på det rette øjeblik, i livets nøgne midte, og derfra dyrke evnen til at udsætte, søge med åbent sind, og turde gøre det uforudsigelige, forlade os på at give frugterne til en anden.

Vi må udfolde en følsomhed, som beror på mildhed og kollektive konstellationer. Som en anden pausens mestre må vi improvisere i sam-passion – ikke at ville sit eget, men ønske, at alt sker, sådan som det sker – evne at være det at kunne – i en fuldkommen stilhed, der omslutter det, der sker.

Vi må skabe begivenheden sammen gennem vores sansepraksis og berøringssans.

Måden hvorpå vi kan foregribe det nuværende og støt kommende regenerative paradigmeskift tilskrives hermed en begivenhedsfornemmelse, hvor fx læren om brugen af pausernes nærvær – besindelsespauserne – og de pludselige udbrud og opbrud, kan berøre os på sådanne måder, at vi tager vores liv op til revision.

Vi må skifte sind, helt skifte livsindstilling og skabe frisættelses-fællesskaber, leve efter det gode, (gen)finde harmoniske steder; tale, lytte og svare i al blufærdighed, forløse vores hemmelighed, og finde den lidenskab, som virkeliggør lykke og selvfornemmelse; livsfølelsens stemthed og helhedssynet på tilværelsen.

Hvilke tanker vækker dette?

Skriv ned her:

____

____

____

Ordentlighed og redelighed

Vi lever i en tid, hvor apati, selvretfærdig vrede, kynisme, bitterhed og desperation samt ressentiment er dominerende. Hvor skuffelsen og raseriet, der beskylder skaberen, eller bare "verden" for at være skyld i vores egen afmagt, hersker. Men dette må vi *vende* til en undren og skabelse. På en og samme tid må vi lade os overraske og samtidig fastholde en ærefrygt over for livet, dyrke det menneskelige indsigts- og forklaringsbegær i mildhedens skær; tro på at det er muligt at formgive det nye, at menneskets vilkår kan forvandles. Vi må huske at de begivenheder, som vi kan gribe ind i, også er dem vi har ansvaret for.

Når vi virkelig forsøger herpå, bliver accepten af vores afmagt en selvfølgelighed, og vi må således lære at leve med at kunne praktisere at have den anden som (for)mål, og derved erkende grænsernes for vores magt. Vi må med andre ord gribe aktivt ind i verden på vegne af selve den kommende begivenhed; det regenerative paradigmeskift. Ved at øve os i evnen til at forme livet i det godes billede, kan vi samtidig opøve evnen i at blive hændt af det gode. Dette indstifter en ordentlighed, der tjener til det fælles bedste.

Vi lever samtidig i en tid hvor hengivelsen til meningsløsheden gør sig markant gældende; en tid hvor fortvivlelse, håbløshed og grusomhed dominerer, og hvor det overfladiske, opgivende og utilregnelige fylder og præger ikke så få menneskers liv. Dette må vi imidlertid arbejde på at *vende* til en øget selvstændighedsfølelse eller myndighed, både i det bekræftende og i det kritiske aspekt. Vi må med andre ord dyrke det alvorlige og det nøgterne håb. Vi må (gen)erhverve friheden ved at gribe ind i begivenheden under den forudsætning, at det er os, der er med-skabere af dens mening; lade os blive betydningens gidsler.

Vi bliver nødt til at give tilsagn og fri accept til det kommende, lade autonomiens holdning erfare det, der skænker sig selv: vogte den side af begivenheden, som også kan tilintetgøre os, fordi det altid giver mening at handle, hvis man virkelig vil. Vi må lære at tænke med stemningerne, ikke størkne, altid være på vej, blive egnet til at fornemme de "indre værdier". Dette indstifter en redelighed, og et handlingsberedskab, en frigørelse og en sjælelig fred, hvis velbefindende muliggør en ny form for strategi baseret i et refleksivt fristed af eksistentiel betydning.

Hvilke tanker vækker dette?

Skriv ned her:

____

____

____

Varsomhed og generøsitet

Vi lever i en tid, hvor magtvilje med den tilhørende egoisme er ekstremt dominerende, og hvor hensynsløshed på mange måder går hånd i hånd med selvtilstrækkelighed, og den ligeså navnkundige selvretfærdighed. Men dette må vi *vende* til kærlighed, både i form af eros – den lidenskabelige længsel, og agape, næstekærligheden. Det drejer sig om at åbne for den glødende opofrelse, og generøsitet – og ikke mindst solidaritet. Vi må opdyrke muligheden for at være på de andres side i den kommende begivenhed; det regenerative paradigmeskift. Det handler om at finde mennesker, der deler ens livsfølelse.

Det gælder med andre ord om at forme de kommende begivenheder, uden at gøre det for sin egen skyld, at stille sig modtagelig, og dermed åbne for et socialt rum, og dermed den kraft, som findes mellem os – at mærke frihedstrangen i de andres kroppe. Vi må træne viljen til at ville essensen i rummet og stedet i form af de andres frihed, indvillige i at blive de andres tilflugtssted, som et tomt lærred. At ville de andres frihed. Det indstifter en varsomhed, som gør det muligt at vi kan lade os blive brugt igen og igen

Vi lever i en tid hvor ligegyldigheden og foragten præger vores samværelse, hvor vi ikke har mod til at dele eksistensen fælles kår. Hvor fortvivlelse og forbitrelse styrer og styrker den fornægtelse af, at andre kan have en indsigt, hvis menneskelige motiver er større end vores egne. Dette må vi imidlertid arbejde på at *vende* til en taknemmelighed, hvor glæden og de tilhørende stemninger kan bringe lettelse, munterhed og spøgefuldhed, ja, ligefrem jubel. Det er her væsentligt at tro på et basalt menneskeligt fællesskab, fordi vi sammen må gøre verden værdig til den kommende begivenhed; det regenerative paradigmeskift.

Vi må skabe et tilflugtssted, som rummer uanede muligheder for en erfaring, der udvikler og styrker, ved at modtage de andre som en gave – både hvor der er underskud og hvor der er overflod. Vi må sammen påkalde en emotionel organisme og dyrke en organisk stemning, som kan holde hus med de andres frie tid – og derved lade os bebo af de fremmede gennem deres ældgamle kulturer og alt det, der er overgået dem. Troen på en opfyldelse indstifter hermed generøsitetens skønne u-timelighed. At finde fjendskabet i sig selv – og lade de andre handle på ens vegne.

Hvilke tanker vækker dette?

Skriv ned her:

____

____

____

Opmærksomhed og anstændighed

Vi lever i en tid, hvor foregribelser af et kommende paradigmeskift sker gennem fordommenes reaktive mønstergenkendelser, dels gennem ubegrundede forbehold, og dels gennem mistænksomhedens grimasser. Hele den selvgode refleksion synes hermed at udmatte menneskernes ellers så "skarpe blik". Men dette må vi *vende* til en opmærksomhed, hvor vi søger uden netop at foregribe. Gennem et positivt beredskab, hvor den mentale baggrund snarere sker gennem udviklingen af en form for "ikke-villen", kan vi herved afstå fra at ville, således at beslutningerne og implementeringerne kan udøves midt i paradigmeskiftets hvirvler.

Det gælder med andre ord om at skabe en ledelses- og (livs)stil, hvis alternative erfaringsrum baseres i en evne til at afvente, hvilket således kalder på en grundstemning, der overskrider det strategiske. Vi bliver nødt til at vente noget længere på os selv, for den vej rundt at lære noget mere om den kommende begivenhed. Herved bruger vi ikke den anden til at bekræfte vores egen viden, men vi lærer noget af den anden om os selv, som vi endnu ikke ved. Herved får vi skabt en "opmærksomhedens rotation", som både drejer sig om os selv, den anden, de andre og de mange forbindelseslinjer – samt ikke mindst (meta)opmærksomheden herpå.

Vi lever i en tid hvor frygten dominerer vores sociale liv, hvor ængstelsen er stærkt stigende, og hvor ligefrem rædslen flytter ind i os på en sådan måde, at vi synes at have opgivet på forhånd. Når vi således lader de negative grundstemninger florere og gro i og omkring os stortrives ikke mindst forfængeligheden. Men også fejheden får gode kår. Dette må vi imidlertid arbejde på at *vende* til et mod og en kampvilje, hvilket både kalder på selvovervindelsen og kræver en større (selv)indsigt i offerberedskabet. Med andre ord drejer det sig her om at dyrke og pleje vores eminente og mulige uselviskhed – uden at dette giver køb på entusiasmen. Kort sagt; vi kan kun berede os på det kommende gennem at sørge for at vores handlekraft ikke handler om os selv.

Vi må "udføre værket" på en anstændig måde gennem en vilje til at have magten til låns, hvilket udelukkende kan ske ved at blive en anonym del af de kommende processer, der er viet til en normativ fuldendelse. Vi må modtage os selv og påtage os de roller som det kommende paradigmeskift giver og pålægger os – gennem herved at blive til en Anden.

Hvilke tanker vækker disse metoder 1-3?

Skriv ned her:

____

____

____

____

Regenerative hændelser i dialogisk praksis

På sporet af betydnings-(re)genererende samtalemiljøer

Dette afsnit er blevet til gennem mange år. Nærmere bestemt har jeg i de forgangne 15 år været dybt involveret i den protreptiske samtalekunst, både som forsker, praktiker og underviser. Dertil følger at jeg er blevet formet gennem min akademiske dannelse i filosofi – som strækker sig tilbage til omtrent begyndelsen af 1990'erne.

Endvidere har jeg i de senere år gen-intensiveret min store interesse for Ole Fogh Kirkebys begivenhedsfilosofiske forfatterskab, hvilket bl.a. en række masterclasses og seminar, i samarbejde med ham, giver udtryk for – sammen med vores podcast-serie: "Habitus Raptus" – som skitserer hans mere teoretiske forfatterskab.[134]

Jeg har valgt at nedtone de akademiske retningslinjer, såsom begrebsafklaringer og præcise referencer, da dette bind, hvori dette afsnit indgår, sigter på en praksisorienterede anvendelse. Dette medfører en noget mere afslappet begrebslig atmosfære, og muliggør en sprogstil som formentlig fremstår mere (til)talende i et hjemmevant dagligdagssprog.

Man kan kigge nærmere på nogle af de protreptiske grundindstillinger andetsteds i dette bind, og skaffe sig mit bidrag i: "Anagnorisis: Tidsskrift for regenerativ filosofi, volume 3", hvis interessen går mod fx betydnings-begrebet og opfattelsen af 'det 3. jeg' samt ideen om "den tomme plads".

Min tekst er designet via fire hovedafsnit, der tilstræber at beskrive og pege mod nogle specifikke og dog forskellige hændelser i den protreptiske dialogproces, som på alle måder rammer erfaringen af det regenerative aspekt inden for den begivenhedsfilosofiske horisont.

Bidraget afrunder med nogle bud på hvordan man bedst muligt indstiller sig herpå.

Må læseren bære over med den eksplorerende og eksperimentelle opslugthed i etableringen af en betydningsfuld forbindelse.

---

[134] Derudover har jeg med stor ildhu og fornøjelse nærmere studeret Niels Arvid Sletterøds doktorafhandling om protreptikken, dyrket Hartmut Rosas resonansteoretiske sociologi, og været dybt optaget af læsninger inden for den regenerative litteratur fra perioden 2012 og frem (samt Batesons begreb om 'det regenerative' fra 1972).

Når betydningen regenererer i protreptikken

Protreptikken fremtræder som en livskundskab, en dyd og en evne til at kunne skabe det gode liv og den gode tænkning. Den handler, både som dialogform og som livspraksis, om, at kunne lade sig blive hændt af det gode, og om at kunne bevare værdigheden i dét, der sker.

I mine mange års studier i, erfaringer med og iagttagelser af dialogiske processer synes et gennemgående mønster at fremtræde, der prosaisk kan påhæftes som; "er der kød på" (at gå til benet-princippet), og lidt mere lyrisk; at følge det, der vejer tungest, dvs. det vigtige (vægtigheds- princippet). Således har det altid givet mening at kunne lade betydningen komme på tale, at kunne følge betydningskraften.

For at kunne komme dette forhold nærmere, og indstifte indkredsningen af et sådant erfaringsrum samt måder at gå til værks på, kræver det en accept af forskellen mellem 'mening' og 'betydning', og en tålmodighed for bestemmelserne af 'det 3. jeg' og 'den tomme plads'.

Frem for at dyrke de sorte huller som tomhedens afløb (som Sletterød synes at gøre det), eller frem for at skabe familiære mystiske henrykkelser (som Kirkeby synes at gøre det), vil jeg fundere *alma*begivenhedens tale på tomhedens arena, som værende det sted, hvor betydningen sker, og hvor noget særligt er i vente, for den der formår at kunne lade det 3. jeg ske som sigende.

Lad os komme dette mindre udsnit af den begivenhedsfilosofiske begrebsarkitektur nærmere gennem at acceptere at betydningen kommer fra *alma*begivenheden, der i Kirkebys ontologi er ren skabelse og tilblivelse; her genereres der, hele tiden.

Betydning er hermed betegnelsen for det, der kommer til verden, intensitetsindholdet i og med den skabende proces.

Det betydningsmættede befinder sig med andre ord sprogligt set på begrebernes indersider til forskel fra meningen, som opholder sig på begrebernes ydersider, dvs. som begrebernes udtryk.

Betydning skaber indtryk og mening giver udtryk af... således peger 'betydning' mod det der sker i de indre, intensive, inderlige og svært fatbare livsdistrikter. Vi kan fornemme det, vi kan mærke når noget eller nogen betyder noget. Vi bliver typisk berørt heraf. Meningen derimod er typisk diskursivt konstrueret som sprog og livspraksis. Her fatter vi noget.

Men meningernes distrikter tenderer til at størkne, kalkere og ligefrem sander til i form af fx vaner, rutiner; de-genererende regelmæssigheder.

Hvilke tanker vækker dette?

Skriv ned her:

____

____

____

Hvis vi accepterer disse skitserede forskelle mellem meningsspillenes arealer og betydningens dybere og livgivende intensitetsniveauer, kan magten placeres på meningsdomænet (som konvergens) og kraften placeres i betydningens mellemrum (som divergens), og bestemme "den tomme plads" som et sted, en åbning, netop sprækken; som det mulighedsrum på meningernes (over- og) yderflader, hvor betydningen undertiden eller flygtigt bryder frem (emergens).[135]

Det er også hvad Kirkeby, gennem hele sit forfatterskab, betegner som "betydningens begivenhed", og herved påminder os om noget, der sker, med skelsættende, og stor kraft og intensitet, der imidlertid som regel er forbundet med en del udfordringer og vanskeligheder i forhold til at få det, der skete, dvs. betydningens hændelse, til at give mening, dvs. at fatte det.

Sidstnævnte udfordringer knytter sig til Kirkebys udtryk om "begivenhedens betydning"; hvad betyder dét, der skete, hvordan giver det mening?

Vi har således i vores livs- og (sam)tale-praksis at gøre med to forskellige begivenhedsplaner, nemlig i form af betydningsplanet og meningsplanet, og de steder, hvor de mødes (eller brydes) erfares "den tomme plads", hvorved betydningen herved kommer til orde via det 3. jeg på meningsplanets bristning.

I dette krydsfelt, på skæringspunktet; som en *nulpunktsvendingserfaring* og som en *nulpunkterfaringsvending* sker det … (jf. henholdsvis pkt. 2 og pkt. 3 i det nedenstående).

Her opholder vi os i nærværende afsnit på følgende måde gennem fire betydningsmiljøer:

____

[135] Jf. "Livets logik" og dets tre facetter, (se bind 1) samt "øvelser om liv" i dette bind 2.

1. *Betydnings-miljø 1:* Begivenheden i dialogen; at møde betydningen: Almabegivenheden som generator – at slippe meningen og dens tag i én. Hvordan nærmer man sig betydningen?

2. *Betydnings-miljø 2:* Dialogen som begivenhed; at være i betydningen: At re-generere 1 – at opholde sig – betydningens begivenhed; at kunne lade sig ske.

3. *Betydnings-miljø 3:* Begivenheden som dialog; at blive til gennem betydningen: At re-generere 2 – at kunne forsvinde; hvordan bliver man til gennem Andetheden?

4. *Betydnings-miljø 4:* Dialogen i begivenheden; at forlade betydningen: Menings-spillet; den de-genererende praksis; hvad skete der – begivenhedens betydning; hvordan kommer man tilbage?

Som det fremgår af ovenstående pkt. 1-4 design af tekstindholdet, sker den regenerative dialog i og med betydningsmiljø 2 og 3, hvorved pkt. 1 tilstræber at komme dertil, dvs. vide hvordan, hvornår og hvorhen man skal fare, spørge, m.m. for at kunne indtræde i eller havne på "den tomme plads".

Hvad angår at forblive på "den tomme plads", og dermed at være i betydningen, sigter "re-generativ 1" på at kunne lade sig ske (betydningsmiljø 2), og "re-generativ 2" sigter på at kunne forsvinde, dvs. at kunne lade sig blive hændt af det gode, som værende Andethedens primat.

Endvidere: Hvordan man tager *betydningens sagte sigen* med sig tilbage til meningsplanets de-genererende praksis, tilbagetrækningen, er hvad betydnings-miljø 4 søger at indkredse.

Som nævnt i indledningen afrunder bidraget med en sekspunkt-liste over nogle "intentionelle antydninger", som kan anvendes undertiden og kortvarigt, dvs. ikke i streng, regelret og kronologisk forstand. Disse er i hovedform:

1. Stilhed
2. Sensibilitet
3. Sammensmeltning
4. Storsind
5. Skepsis
6. Singularitet

Hvilke tanker vækker dette?

Skriv ned her:

____

____

____

Disse seks intentionelle antydninger vil blive udfoldet yderligere i de afsluttende passager i dette afsnit, og danner samtidig i skitseform grundlaget for en metodisk indstilling, der i det hele taget kan danne grundlaget for indstiftelsen af den regenerative dialog-praksis.

Med andre ord udgør det ambitiøse kulminationspunkt for dette afsnit en række anvisninger til, hvordan vi kan formå at skabe betingelserne for at noget eller nogen kan komme sig i form af genforbindelse, genoprettelse af noget tabt eller forlist, en gendannelse af noget glemt eller mistet; genetableringen af livskraften i betydningens iklædning. Disse seks intentionelle antydninger følger os gennem teksten.

Lad os begive os af sted mod betydningens holdeplads, der, som en anden rasteplads eller stoppested, nærmest som et *Utopia* (fra det græske – ikke-sted, jf. u – topos (sted)) kan muliggøre de livgivende erfaringer af potentialitetens energi og godhedens sandhed – via sandhedens godhed.

Betydnings-miljø 1: Begivenheden i dialogen; at møde betydningen

Kunsten at kunne give et præcist og slående billede af meningens tilfangetagelse er ikke helt nemt, eller med andre ord, vores besættelse af mening gør det vanskeligt, at overbevise os om, at dette er tilfældet, da selvsamme cirkel, som vi skal bort fra vil blive anvendt, netop for at det giver mening.

Lad os derfor prøve at snige os ind i et billede af en vandretur i skoven, hvor vi skimter en lysning i det fjerne. Billedet er Heideggers, som også omtaler dette via det noget dramatiske udtryk; en rydning. Vi må rydde meningen af vejen for at betydningen kan komme til orde; nærme os lysningen.

Metoden hertil er mangeartede, og det er typisk nærliggende at gøre sig vild, eller stille hypotetiske, nærmest uforståelige spørgsmål, for at kunne lade kontingens-erfaringen komme os i møde, dvs. erfaringen af det ikke-nødvendige. Det kræver nærmest en omvæltning for at kunne se muligheden.

Men de stødende og til dels chokerende eller forstyrrende impulser til at ryste os ud af meningernes greb, lidenskab og fantasmer er vejen vi må gå for at kunne møde almabegivenheden som generator, vi må slippe meningen og dens tag: Hvordan nærmer vi os betydningen?

Måske er betydningen her altid, eller snarere måske er det os, som ikke kan høre det væsentlige, lytte til det, der betyder noget. Måske ved vi det godt, måske kan vi mærke det, men det glider os af hænde i dagligdagenes hverdage, hvor det ene tager det andet, og det synes at give mening.

Vi hutler os afsted, rundt i hamsterhjulets trummerum, netop som en centrifugal aktivitet slynges vi konstant ud mod – og hen på – tingenes og meningernes overflader; vi høre det sagte – ser det, der skal observeres for at kunne komme videre – og vi på stoppe op – skabe et pusterum.

Stilheden kalder os tilbage til noget vigtigt, her mærker vi et åndepust, et åndehul, hvor vi i mere tempererede egne faktisk formår at hører hvad der kalder os til samling. Disse lyde og stemmer kan komme indefra og udefra – de lyder fra betydningsplanet; fra det, der sker. Vi rører på os.

Vi bliver rørt, berørt, rammes af betydningens stemme, samvittighedens tavse sigen, som Heidegger kaldte det. Får en føling med en erfaring, som måske tangerer Rosas omtalte resonans-erfaring; der er noget som siger os noget andet end det plejer. Verden er ikke længere forstummet.

Men hvordan kommer vi dertil? Trækker vi stikket ud. Slentrer vi henslængt afsted indtil kaldet kommer, indtil vi uforvarende havner i byens centrum, på den tomme plads? Lader vi tilfældighederne råde, når det gælder at genforbinde sig med betydningens kraft og intensitet?

Når vi har med dialoger at gøre, når vi taler sammen, vitterlig er i dialog med hinanden, og ikke blot udfolder serielle og parallelle monologer, dvs. venter på at den anden tier stille, så man selv kan komme til orde, hvordan gør vi så? Vi kan vel også bare sætte os i stilhed…

Når vi med andre ord indstiller os med en sensibilitet og følsomhed, tilstræber en sammen-smeltnings-mulighed, dvs. at kunne lade sig blive berørt af hin-anden, åbner vi os op for at det tredje kan ske; et

mellemværende, der ikke er vores hver især – eller vores sammen om os –
som os.

I dette storsind kan – og måske bør – vi gå hinanden uendeligt i møde. Men
alskens forlegenhed florerer, tør vi, kan vi, tillid, tryghed, fortrolighed,
formåen, færdighed, kompetence, magtspil, at turde tabe ansigt, kunne
forlige sig med at vi søger betydningen. Vi lader os gå sammen.

Præcis i dette mellemspil – i denne kapacitet råder begivenheden som
mulighed. Her dukker betydningen op, og er man "vaks ved havelågen", og
godt kan tåle at "få lidt våde sokker", er det via den produktive skepsis
muligt at observere og registrere, når og hvor der sker noget i dialogen.

Vi må kunne gå hinanden uendeligt i møde – og dér træffe betydningen,
som mellemrummets begivenheds-kapacitet; lade skovens lysning rydde
vores fordomme af vejen, lade tilværelsernes utopier tone frem, ind i det,
der vejer tungest, fuld af mætning, være centripetale; mod midten.

I dette enestående, dvs. dét, der står frem i mængden af adspredte
meningslag, erfarer vi singulariteten; dette er vigtigt! Helt unikt – noget
særligt. Det betyder noget, for nu, for os – og for mere end det. Vi oplades,
er kommet ind på bagsiden af meningen, hvor betydningen sker.

Her er der rene intensiteter, og tendensen til at smutte ud igen, komme
tilbage til menings-spillenes overflader er stor, fristelserne til at forlade det
mærkelige, det svært-formulérbare er omfattende, således lade stilheden
råde, lade tempoet falde, dvæle en stund, og lade ordene komme – til
orde.

Hvis ordene kommer, i dialogen, der ligesom er gået i dvale, som værende i
en art meditativ tilstand, og tiden slippes, pulsen falder, så er dette ganske
gode tegn på, at betydningen er ved at finde sted. *Alma* taler – vi er ved at
være inde på den tomme plads – trækker vejret – og lytter … siger…

Hvilke tanker vækker dette?

Skriv ned her:

____

____

____

Betydnings-miljø 2: Dialogen som begivenhed; at være i betydningen

Når man er trådt over den første tærskel ændrer erfaringen af den dialogiske kontekst sig, hvori man befinder sig og taler sammen. Man begynder at erfare selve dialogen som en begivenhed, dvs. som noget der er vigtigt, den mærkes som betydningsfuld – ud over de involverede parter.

Således går man fra at erfare at noget sker i dialogen til at dialogen sker, dvs. fra betydningsmiljø 1 til betydningsmiljø 2. Det er også her i dette ophold, at hvad jeg kalder for; "at re-generere 1", indtræffer. Man begynder at kunne lade sig ske i betydningens begivenhed; dialogen regenererer.

Dette har omfattende og fundamentale konsekvenser, fordi dette betydningsmiljø er forvandlende som følge af, at den værdimæssige symfoni, som mennesker, ifølge Kirkebys, består af, begynder at bevæge sig, spille, synge, stemme i, etc.; en insisterende stemning (gen)opstår.

Hvert ord der siges, erfares som tungvejende i dette betydnings-miljø. Det virker til at ordene, som nu siges genforbinder, heler, konstant virker rigtige, og det er som om, at man taler ud af vished. Man læner sig tilbage i sig selv, og lader kroppens væren formulere sig. Trygt og beroligende.

Vi taler alvorligt sammen i denne regenererende passage, ikke alvorligt, som i "med løftede pegefingre", eller som om det var "en vanskelig samtale". Vi forløses gennem det sigende i det sagte. Og smiler, vemodigt, smukt, rørt og henrykket i det eksistentielle drama; tragediens komik.

Vi bliver til sammen med det, der siges. Som personer med egne livshistorier og kontekstbaserede meningsaflejringer betyder vi nu ikke så meget. Vi spørger ikke længere ind til hinandens forgodt-befindende. Det er ligegyldigt – vi er lige-gyldige, vi er blevet anonyme; i dialog uden navne.

Vi befinder os i fuld betydning, og lader os blive til gennem det tredje jeg; man skulle måske tro at dette er en sær oplevelse; men man hviler i det sagte, stunder en anelse, og lader sig blive henført i dvælende sindsro, nærmest som i livslykken – glæden ved at være, tager (igen) bolig i stemmen.

Vi taler gennem stemmer der er større, og betyder mere, end os selv. Vi bliver sagt af det sigende, og berøres af en dialog, som altid har været i gang, og som trækker dybere rødder ind i livets puls, end vi med vores meningsorienterede rationalitet nogensinde formår at fatte. Vi mærkes.

Her sker det vidunderlige, som et mirakel, sker vi sammen, erfarer at vi er,
og i gang med at blive til, (gen)dannes, (gen)forbindes til os selv, hinanden,
til noget større, helheden, vi aner godheden ske.

Hvilke tanker vækker dette?

Skriv ned her:

____

____

____

Betydnings-miljø 3: Begivenheden som dialog; at blive til i betydningen

I det øjeblik, hvor helhedens sammenhæng træder ind i den dialogiske
kapacitet, begynder vi at skifte betydnings-miljø igen. Vi går fra dialogen
som begivenhed til begivenheden som dialog, dvs. fra betydnings-miljø 2 til
betydnings-miljø 3; dvs. fra "at re-generere 1" til "at re-generere 2".

I dette miljø forsvinder vi ind i det store begivenhedsrum, og aner ikke
hvorfra stemmerne kommer fra. Vi samtaler bare, eller bedre; vi blive talt
af noget større end os selv. Her bliver vi (til)talt gennem Andetheden,
hændt af det gode. Det gælder nu om at lytte godt efter.

Det gælder endnu ikke om at få mening ud af det sagte, men stadig lade
betydningen ske. Selvom det kan virke, udefra set, som om det bliver til
volapyk, "tale i tunger", og i den forstand som mystisk, etc. – erfares dette
betydningsfulde miljø helt og aldeles trygt, hvilende og særdeles værdigt.

Hvor man hermed kan konstatere at betydnings-miljøet 2; "at re-generere
1" om-stemmer værdiernes sammensætning i én og med hinanden,
gennem en mærkbar samstemmighed, og i den forstand forvandlende, kan
man observere at betydnings-miljøet 3; "at re-generere 2" skaber.

Her bliver man til, vi sker – erfarer at noget nyt gror, spirer, både som
mulighedernes rige, lettelsens suk og håbets heureka. Vi formår at vokse i
hinandens selskab, nærmest som at kunne erfare at den etiske karakter
modnes, som at registrere græsset gro, blomsten blomstre; vi åbner os.

Vi taler med almabegivenheden, lader den se os, og erfarer os igennem
den. Her sker alt, og samtidig synes tiden at stoppe op, nærmest stå stille,

og vi tales snarere end at vi taler, vi lister afsted, i stilhed, stiger ind i evighedens synsvinkel, og ser og hører i sandhed alle dybeste indsigter.

Her gror vi fast, finder igen dyb forbindelse, til helhedens væsen, slår rødder, kommer hjem, røres dybt af det, som vi alle altid har været – og vil blive; den mest altomfattende forbindelse, vi sker i sammenhængen, røres helt igennem, forsvinder ind i alt; taler sammen gennem det tredje.

I denne sammensmeltning befinder vi os sammen, hånd i hånd, ikke hvor vi holder stramt fast i hinanden, men vi er der sammen, lader os flyde med, sker i hinandens varetægt, båret af alma-begivenhedens moderlige, betydningsskabende kraft. Re-generativ intensitet i sjælen.

I denne samhørighed erfares en kosmisk sympati, der vidner om og fortæller os, at dette er den dybeste visdom, der kan spores, og som giver os tilstrækkelig livskraft og energi. Vi er genfødt.

Hvilke tanker vækker dette?

Skriv ned her:

____

____

____

Betydnings-miljø 4: Dialogen i begivenheden; at forlade betydningen

I det foregående har jeg tilstræbt at beskrive, så vidt noget sådan kan gøres, nogle almene fremstillinger af betydningsfulde og regenererende erfaringer inden for rammerne af den protreptiske dialogform. Grundlæggende set udgør dette en filosofisk praksis og invitation til at tage sig selv, hinanden og livet op til revision. Og hvor betydningsplanet herved udgør sigtepunktet vedrører meningsplanet som nævnt tilbagevendelsen til den daglige de-genererende praksis.

Når vi således afslutter den protreptiske dialog, dvs. befinder sig i betydnings-miljø 4, kan man typisk erfare, nogle refleksioner over, hvad der skete, hvordan man kommer tilbage til hverdagen. Herved bevidner vi begivenhedens betydning, dvs. hvor vi tilstræber at fatte, og give det, som blev indset, mening i forhold den konkrete virkelighed. Men det er sjældent nemt at gøre, og ej heller noget som anbefales at gøre, fordi værdierne har været oppe at vende, og fordi man på mange måder har været ude af sig selv, nærmere bestemt ude af sit tilvante selv (dvs. jeg 1 og jeg 2).

Således kan man ikke komme tilbage som den samme som man var før man trådte ind på den tomme plads, og blev til gennem betydnings-miljø 2 og betydnings-miljø 3. Dertil skal også anføres at det heller ikke altid er tilfældet at man kommer forbi tærsklen fra betydnings-miljø 1 til betydnings-miljø 2 – eller for den sags skyld formår at lykkes i, at overskride tærsklen fra betydnings-miljø 2 til betydnings-miljø 3.

Herved bliver det også klart, at man ikke nødvendigvis erfarer at den protreptiske dialog regenererer de involverede parter, dvs. når man højst formår at forblive i betydnings-miljø 1, da vil det højst kunne give mening i form af en art begrebs-gymnastik, og dermed ikke regenererende på det værdimæssige og betydningsfulde plan.

Man kan også formulere det således, at jeg 1 gør sig gældende i det betydningsmæssige miljø 1, jeg 2 gør sig gældende i det betydningsmæssige miljø 2, og jeg 3 gør sig gældende (dvs. sker) i det betydningsmæssige miljø 3. Jeg 1 er det i os, som typisk er dominerende, og mener noget om sagerne. Jeg 2 bebor det værdimæssige plan, og oplever således også sig selv som et jeg, der betyder noget. Jeg 3 er det skabende jeg, eller snarere "det skeende jeg".

Således kan man hermed konstatere at så snart og så længe at jeg 2 (det betydningsfulde jeg) er i højsædet kan der indtræffe regenerative processer på værdiplanet af forvandlende art, og så snart og så længe at jeg 3 kommer til orde, indtræffer der regenerative processer, af helt og aldeles fundamentale og enestående art.

Hvilke tanker vækker dette ift betydningsmiljø 1-4?

Skriv ned her:

____

____

____

Hvad angår sidstnævnte kan man med fordel fornøje sig med følgende matrice, og den dertil knyttede øvelse fra Kirkebys bog om den frie organisation – og mindes Kirkebys fine formulering i den forbindelse:

I det øjeblik, hvor begivenhedens tomme plads og det tredje jegs uendelighed berører hinanden, er vi fuldkommen fri.

Det tredje jeg = betydningssansen

Det 3. jeg/erfaringen af den tredje zone	Som følelse	Som stemning	Som betydning
Et indre vidne; tilstedevær			
Et spejl; det navnløse hængsel			
En dommer; værdighed			
En åben horisont; afgrund			
En fornemmelse; vished			

Hvordan og hvornår erfarer du sansen for betydning, som følelse, stemning eller betydning?

____

____

____

____

____

____

Afrunding: De intentionelle antydninger; periodisk og episodisk

Man kan selvsagt anslå, ud fra ovenstående fremstillinger, at det er muligt, at befinde sig mere og mere på "den tomme plads" og lade "det tredje jeg" komme til orde gennem sin daglige praksis. Dette nævnt for at minde om, at dagligdagens menings- og magtspil, og dertil knyttede de-genererende kulturer og livsformer, kan modstås eller mildere talt, omgås via en stigende grad af forbindelse til de respektiver 1-4 betydningsmiljøer (specielt 2 og 3).

I det daglige vil det derfor være oplagt at styrke disse nedenstående intentionelle antydninger:

1. *Stilhed*
2. *Sensibilitet*
3. *Sammensmeltning*
4. *Storsind*
5. *Skepsis*
6. *Singularitet*

Hvordan dette skal kunne lade sig gøre, og ikke blot i forbindelse med decideret protreptiske dialoger, sådan helt konkret, vil jeg angive nogle enkelte bud på:

1. Lad din tales tavshed og dermed tavshedens tale komme noget mere til orde, dvs. tal mindre, lyt mere efter det sigende i det sagte – en sproglig sensitivitet i det daglige.
2. Mærk efter når (og om) du bliver berørt. Kan du mærke om det siger dig noget; og hvor mærker du i så fald dette henne? Prøv at strejf omkring i betydningernes genklange
3. Prøv at forsvind i det du gør, som en slags flow-oplevelse, fordybet og opslugt i ophævelsernes fornemmelser
4. Praktisér generøsitetens stilfærdige kapacitet, dvs. sigter efter ordentlighed, redelighed og anstændighed i sidste ende kærlighed; hjertets frihed
5. Dyrk den beskuende eftertanke, der undersøger iagttagende; refleksiv observans
6. Styrk den enestående begejstring, hvor du er særligt inspireret i henrykkelsens frisættelse; søg det unikke.

Hvilke tanker vækker disse pkt. 1-6?

Skriv ned her:

____

____

____

Øvelser; om resonans og protreptik

Liv, berøring og virkelig erfaring opstår i mødet med det, der ikke kan kontrolleres.
… Når vi stræber efter at have kontrol over verden, møder verden os som
"aggressionspunkt" så trækker livet, dvs. det, der udgøres af erfaringen af
livfuldhed og hændelser – det, der gør resonans mulig – sig tilbage fra os, hvad
der så omvendt fører til angst, frustration, vrede, fortvivlelse, som blandt andet
igen giver sig udslag i afmægtig politisk og aggressiv adfærd.

Rosa[136]

Hvad mon man hører af mislyde, som en stum stemme; at verden er
forstummet, når man hører og erfarer fraværet af resonans?

Rosa omtaler i introduktionen (s. 11-14) til "Fremmedgørelse og
acceleration" den rasende stilstand og behovet for genoprettelsen af den
filosofiske og sociologiske tankevirksomhed mhp at vække genklang i folks
liv, og ikke mindst forlade de filosofiske døde debatter, og genfremstille
spørgsmålene:

- Hvad er et godt liv og hvorfor har vi ikke et godt liv
- Hvad er et ikke-fremmedgjort liv?

Og hele hans bog handler overvejende om social acceleration, i sidste ende
med henblik på at fremstille "den etiske kritik 2" i tredje dels sidste afsnit:
"Fremmedgørelsen igen-igen…" (s.95-11)

Her indskriver han sig ind i traditionen fra Feuerbach og Marx, m.fl., og
fremfører fem centrale sfærer, hvor fremmedgørelsen stortrives, nemlig:

1. *Rummene*, der udtrykker et forvrænget verdensforhold, de
   tavse mellemrum fyldes af manglende interesse, en bristende
   fortrolighed og hjemlighedsfølelsen og intimiteten er afkoblet
   os; hvordan mon det er bare at opleve rummet som rumlighed?

2. *Tingene*, der har mistet deres betydning, udvekslingernes
   hastighed er massive, og man indoptager den hverdagslige
   livserfaring i porøse former, vi har ikke rigtig fat om noget, og
   det man griber efter og prøver at håndtere, glider enten én af

---

[136] Det ukontrollerbare, s. 7 og 9.

hænde, eller man mærker dem/det ikke; hvordan mon tingenes tekstur erfares på det taktile plan?

3. *Handlingerne*, der gør os uvante i verden, og "man ønsker ikke rigtig at gøre det, som man gør" (s. 102), eller "vi kan aldrig rigtig komme til at gøre det, som vi gerne vil" (s. 103), man får med andre ord aldrig rigtig tid til noget, og distraheres konstant; hvordan mon det føles at være i ét med de handlinger, som man foretager sig?

4. *Tiderne*, der fyldes af den indre varighed i form af kedsomhed og ventende længsel, man fordufter, skrumper ind, og man mister erindringssporene og erfarer sig som af-kontekstualiseret, som værende i isolerede episoder uden tilegnelse af tidernes ekstaser; hvordan mon det er at være i fortiden, eller i fremtiden; i øjeblikket?

5. *Sig selv og de andre*, hvor engagementet eroderer, man disintegreres, mangler eller mister sin integrations-formåen, overmættet og udmattet, flygtige møder, udbrændt, depression; og de sande resonansakser, konstaterer Rosa, "betydningen af det, der betyder noget for os" klinger ud og forstummer, hvilket er fremmedgørelsens fuldbyrdede fremtrædelses-form (s.111); hvordan mon det er at mødes helt og aldeles?

Hvilke tanker vækker disse pkt. 1-5?

Skriv ned her:

____

____

____

____

____

Arbejd med nedenstående matrix ved at gennemgå de i alt 30 rubrikker, kvadranter, refleksionsfelter; enten alene, i par eller i grupper (og inddrag gerne protreptiske tilgange hertil, jf. ovenstående afsnit).[137]

Resonans-zoner & *sense-responding*	Når *rummene* vi opholder os i (igen) knitrer	Når *tingene* vi gør (igen) kan mærkes	Når *handlingerne* vi gør (igen) betyder noget	Når *tiderne* (igen) giver os ro og hvile	Når vi (igen) kommer i resonans med *os selv* & *de andre*
Kultivere nærværets atmosfære & forbindelsesarkitektur					
Være i rodfæstet selvoverensstemmelse & den indre sandheds væsen					
Tålmodig rummelighed & opmærksomme pauser					
Dyrke stilhedens hellige øjeblik & lytte til livets dybe visdom					
Øve overflodens væremåde; "at give mere end man tager"					
Følge livsrytmens cyklus; lethed, intensitet, frisættelse & dyb restaurering					

Hvilke tanker vækkes der i disse kvadranter?

Skriv ned her:

____

____

____

____

[137] De seks punkter på den vertikale akse er hentet fra Storm & Hutchins (2019), se også bind 1 herfor.

Arbejd med nedenstående model ved at gennemgå de i alt 12 resonanssfærer, langs de tre resonansakser (den horisontale, diagonale og vertikale resonansakse); enten alene, i par eller i grupper (og inddrag gerne protreptiske tilgange hertil, jf. ovenstående afsnit).[138]

I hvilke områder siger det noget, knitrer det, er det forstummet, frastødende, simulation, blokeret, etc…?

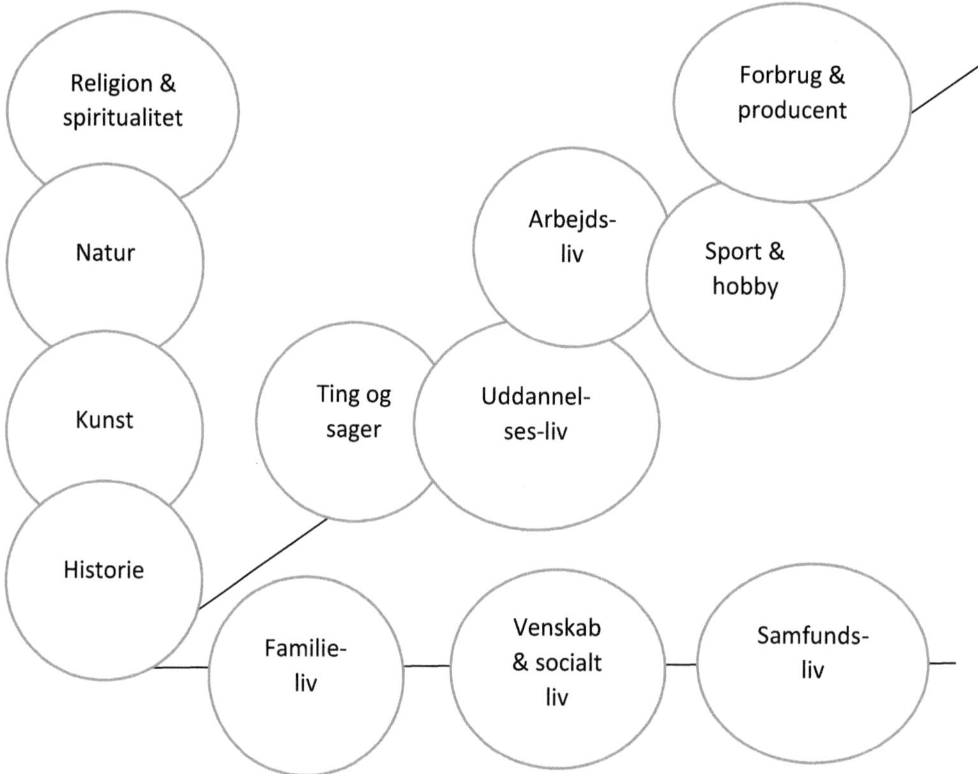

Hvilke tanker vækkes der i forhold til disse 12 livs- & resonanssfærer?

Skriv ned her:

____

____

____

---

[138] De 12 resonanssfærer er hentet fra Hartmut Rosa bog: "Resonans".

Et begivenhedsfilosofisk fundament for det regenerative lederskab

Dette er en uddybende og udforskende undersøgelse af, hvordan og hvorvidt ledere og mennesker kan foregribe, og blive til i og med, det regenerative paradigmeskift. Det vil vise sig i det nedenstående, om den begivenhedsfilosofiske basis kan, og måske endda bør, danne det fremtidige ledelsesmæssige udgangspunkt for, og det menneskelige grundarbejde i, bevægelsen mod fremkomsten af regenerative civilisationer.

Samtidig viser det sig, at dette indvendige og udvendige arbejde dybest set kalder på ankomsten af et praktisk lederskab, hvor de centrale bestanddele udgør handlinger, som er regenerative i sit væsen, og som tilbyder skitserede retningslinjer for den kommende regenerative, organisatoriske praksis.

Med andre ord sigter dette begivenhedsfilosofiske perspektiv på at fundere de regenerative indstillinger og indsatsområder i et forskningsbaseret ophav, som det er blevet beskrevet, fremstillet og udviklet i perioden 1998-2007 i Kirkebys praksisorienterede ledelsesfilosofi.[139]

Nærmere bestemt udgør det afsluttende afsnit i dette bind følgende hybrider og struktur:

1. På baggrund af: " Det teoretiske grundlag: Om at blive til på det kommendes vegne" uddybes de centrale temaer via Kirkebys bog: "Ledelsesfilosofi. Et radikalt normativt perspektiv" (1998) Herved danner lederdyderne grundlag for den regenerative ledelsespraksis og samtidig angives filosofiens opgave i funderingen af en livspraksis, som gør os værdige til det kommende regenerative paradigmeskift og den dertil knyttede tilblivelsespraksis.
2. På baggrund af: " Det metodiske fundament: Part 1: Ordentlighed og redelighed" uddybes de centrale temaer i Kirkebys bøger: "Organisationsfilosofi – en studie i liminalitet" (2001) og: "Loyalitet – udfordringen til ledere og medarbejdere" (2002). Herved udforskes nogle bud på en regenerativ organisations-terapi, som sigter efter at lede på tærsklen, fremstiller fire sociale dyder samt undersøger loyalitetens byggestene, når det gælder regenerativ ordentlighed og redelighed.

---

[139] Man kunne også have indskrevet: "Den frie organisation. Balance mellem passion og storsind" (2009), "Om velfærd. Det godes politik" (2011) og: "Robusthed, skrøbelighed og det generøse lederskab" (2017). Men det må evt. komme på et andet tidspunkt.

3. På baggrund af: "Det metodiske fundament: Part 2: Varsomhed og generøsitet" uddybes de centrale temaer i Kirkebys bog: "Det nye lederskab" (2004). Herved udforskes det hvad det nye regenerative lederskab kalder på af kreative og dialogiske kapaciteter, specielt i forhold til varsomhed og generøsitet.[140]
4. På baggrund af: "Det metodiske fundament: Part 3: Opmærksomhed og anstændighed" uddybes de centrale temaer Kirkebys bog: "Begivenhedsledelse og handlekraft" (2006). Herved udforskes begivenhedsforståelsen og den dialogiske praksis (protreptikken) i lederskabet, specielt når det gælder opmærksomhed og anstændighed – med henblik på i sidste ende at pege mod det begivenhedsfilosofiske grundlag for det regenerative lederskab og den dertil hørende menneskelige livsførelse.[141]

Hvilke tanker bliver her vakt?

Skriv ned her:

____

____

____

Det teoretiske grundlag: Om at blive til på det kommendes vegne

---

[140] Her dukker der også inspirationer op fra: "Begivenhedsledelse og handlekraft" (2006) og: "Menneske og leder. Bliv den du er" (2007 – skrevet sammen med Poula Helth).
[141] Fire fodnote-bemærkninger til teksten:
1) I dette afsnit udfolder jeg ikke begrebet om 'det regenerative', og kommer i det hele taget ikke eksplicit ind på tankerne og metoderne i den regenerative litteratur. Udfoldelse heraf kan findes i bind 1 (2024).
2) Kirkeby har skrevet en del flere bøger om nærværende emne. Her kan den interesserede læser selv gå på opdagelse. Fx er trilogien: 1) "Eventum tantum" (2005), 2) "Skønheden sker" (2007), 3) "Selvet sker" (2008) oplagte for en nærmere teoretisk fundering og indføring i det begivenhedsfilosofiske univers. Man kan med fordel også lytte til podcast-serien: "Habitus raptus", som er et strejftog i Dr. Kirkebys teoretiske forfatterskab i 10 afsnit + en introduktion.
3) Anvendelsen af omtalte bøger i nærværende afsnit er baseret i en række masterclasses og seminarer som Kirkeby og jeg har holdt i 2023-2024, hvor vi fik testet ideerne af. Af samme grund udgør Kirkebys tanker i dette kapitel en sammenskrevet fremstilling (qua parafraseringer), jf. bl.a. de øvelsesorienterede matricer.
4) I teksten fremgår intet om 'natur', 'økosystemer' og 'liv' el.lign., som er det emnet i sagens væsen kredser om, hvilket dermed ikke gør det begivenhedsfilosofiske ledelsesfundament antropocentrisk, tværtimod må man kalde det for: "Evento-centrisk", hvorved begivenhederne kommer i centrum, hvis midte og dertil skabende ethos danner os i "Det Andets" billede; herved blive vi til gennem livets natur og naturens liv.

Det bedste vi kan gøre er som nævnt, at finde grundlaget for at kunne gøre os værdige til det, der kommer til at ske, og for at kunne dette, må vi undersøge muligheden for at kunne blive til gennem begivenhedernes *ethos*. Dette er en gennemgående pointe i Kirkebys begivenhedsfilosofi.

Det kræver en form for skabende modtagelighed, en alternativ grundindstilling, som dels forudsætter en evne til at skelne mellem hvad der er i vores magt, og hvad der ikke er i vores magt, og dels, at gribe de muligheder, som de kommende begivenheder giver. Vi må med andre ord kunne give tilfældet chancen, og samtidig acceptere det uundgåelige. Hermed angivet en væsentlig grundindstilling.

Uanset hvad der kommer til at ske, må vi acceptere vores magtesløshed, og konstant tilstræbe at forme livet i det godes billede. Dette kræver ordentlighed, men også redelighed, fordi vi må give tilsagn gennem fri accept, og således praktisere en åben indstilling. Samtidig må vi dyrke generøsitet, tilbyde fristeder, som gør det muligt at blive hændt af det gode, overgå os selv, søge og undersøge, uden at foregribe for meget, skærpe vores opmærksomhed, og fuldføre, så godt vi kan, det vi skal, i anstændighed. Dette udgør grundlæggende set den begivenhedsfilosofiske dydslære.

Med andre ord må vi tilstræbe at holde meningens rum åbent, vente på det rette øjeblik, i livets nøgne midte, og derfra dyrke evnen til at udsætte, søge med åbent sind, og turde gøre det uforudsigelige, forlade os på at give frugterne til en anden. Det vil sige at vi må udfolde en følsomhed, som beror på mildhed og kollektive konstellationer. Som en anden pausens mestre må vi endvidere improvisere i *sam-passion* – ikke ville sit eget, men ønske, at alt sker, sådan som det sker, evne *at være det at kunne* i den fuldkomne stilhed, som omslutter det, der sker. Vi må som regenerative ledere skabe begivenheden sammen gennem vores sansepraksis og berøringssans.

Måden hvorpå vi således kan anticipere det regenerative paradigmeskift tilskrives dermed en begivenhedsfornemmelse, hvor fx læren om brugen af pausernes nærvær, de såkaldte besindelses-pauser, og de pludselige udbrud og opbrud, kan berøre os på sådanne måder, at vi igen kan tage vore liv op til revision.

Formålet står klart: Vi må skifte sind, skifte livsindstilling og skabe frisættelses-fælllesskaber, leve efter det gode, genfinde harmoniske steder; tale, lytte og svare i al blufærdighed, forløse vores hemmelighed, og finde den lidenskab, som virkeliggør lykke og selvfornemmelse. Herved markeres det kontemplative grundlag i den kommende regenerative livs- og ledelsespraksis via livsfølelsens stemthed og helhedssynet på tilværelsen.

Hvilke tanker bliver her vakt?

Skriv ned her:

____

____

____

På sporet af nogle regenerative ledelsesdyder

Når vi kigger nærmere på formål og budskab i "Ledelsesfilosofi" fremgår følgende klare markeringer, nemlig at det for Kirkeby drejer sig om at fastholde den radikale normativitets perspektiv og dermed at stå fast på det faktum, at den gode leder er en rabiat og kompromisløs skikkelse i den postmoderne verdens malstrøm. Det gælder for Kirkeby om, at præsentere den form for filosofi, der alene kan artikulere projektet om den gode leder, og herved tilstræbe at lederen med andre ord selv må blive til lidt af en filosof.[142] Spørgsmålet bliver derfor: Hvad er en god leder? – Hvem er den gode leder?

Med andre ord indskriver Kirkeby hermed temaer som viljen, oprigtigheden, løftet, venskabet, samvittigheden og ikke mindst ærlighedens modus, så snart og så længe at ledelse handler om at bevæge, ligesom *hodegeten*; vejlederen.[143] Men grundlæggende set handler det om dyderne, og om at en leder, ifølge Kirkeby, er et menneske der vil og kan reflektere forholdet til *den fjerde* i tanke, følelse og handling. Lad os prøve en lille øvelse af i forhold til nedenstående matrice ud fra følgende spørgsmål og mindre invitationer til refleksion og (indre) dialog:

---

[142] Dertil følger at den radikale normativitet, ifølge Kirkeby, ikke accepterer, at det normative underordnes økonomiens interesser, og at den, der leder, har muligheden for, at den begivenhed, der sker omkring det, han eller hun gør, bliver det rette øjeblik.

[143] Andre vigtige temaer i selvsamme bog er bl.a. læren om det rette øjeblik (*Kairologien*), retorikken i ledelse, ledelse som magi, lederskabets poetik samt lederens rette stemthed (*Pathos*) – og stemme, hvilket jeg ikke kommer ind på i nærværende kapitel.

	Tanke	Følelse	Handling
Jeg			
Du			
Den tredje			
Den fjerde			

Hvordan opfatter og møder du dig selv i tanke, følelse og handling? (Jeg-niveau)

____

____

____

Hvordan opfatter og møder du den anden i tanke, følelse og handling? (Du-niveau)

____

____

____

Hvordan opfatter og møder du forholdet i tanke, følelse og handling? (Den tredje-niveau)

____

____

____

Hvordan opfatter og møder du dyderne i tanke, følelse og handling? (Den fjerde-niveau)

____

____

Lederdyderne er, ifølge Kirkeby, normativitetens centrum, og forholdet til "den fjerde" er forholdet til dyden, som på mange måder knytter an til de fire klassiske kardinaldyder, som Kirkeby bemærker det, nemlig: 1) Mådehold, 2) Tapperhed, 3) Visdom, 4) Retfærdighed.

Det handler om som leder og menneske at finde disse dyder som stemning og lade dem forenes i *katorthoma* – den rigtige handling, hvilket vil ske gennem bestræbelsen på hele tiden, så vidt muligt, at forholde sig til den fjerde. Kirkeby opstiller det væsentlige dyds-katalog for denne askese, dvs. træning heri og praktisering heraf:

<u>Den regenerative leders dyds-katalog</u>

1. *Euboli;* udtrykker en særlig følsom stemthed, der kalder på et arbejde med vores overvejelsesevne, og en nærmere dyrkelse af vores husholdning, samt en dybere træning i at kunne erkende det væsentlige, dvs. en styrkelse af den kontemplative kompetence, og en opøvelse af vores mulighedssans.

2. *Eufori;* som sigter på en forøget åndelig produktivitet, som kalder på vores vilje til at omskabe, vores poetiske sans, og vores virkelighedssans, samt en træning af en vilje til at kunne lade sig befinde i et grænseland.

3. *Hypomoné;* som sigter på at kunne lade sig lede efter noget, der er større end sig selv, der kalder på et aktivt tålmod, en dyrkelse af sindets lykkelige hvilen i sig selv, og en opøvelse af mental frihed, samt en træning af den selvbeherskelse, der lader *tingene* tale.

4. *Prolépsis;* der peger på at kunne foregribe, og som kalder på en træning i at kunne anskue og forestille sig, dvs. komme i stand til at kunne anskueliggøre scenarier samt en opøvelse af en vilje til at kunne fastholde og bevare det vi har skabt af værdi.

5. *Maieutikken;* som vedrører jordmoderkunsten, dvs. en træning i at kunne (og ville) anspore et andet menneske til at finde ud af, hvad han eller hun egentlig står for; en fødselshjælper.

6. *Epibolé;* som vedrører intuitionen, dvs. en dyrkelse af at kunne indse det væsentlige med ét slag, og dermed træning i sensitivitet og varsomhed; dyrkelse af evnen til at kunne og ville satse.

Hvilke tanker bliver her vakt?

Skriv ned her:

____

____

____

Hermed inviteres du til at reflektere de ovenstående lederdyder i forhold til den regenerative træningsbane baseret i det begivenhedsfilosofiske ledelsesfundament som skitseret i det ovenstående:

Spørgsmålet er:

Hvordan gør du dig værdig til det kommende regenerative paradigmeskift?

1. Hvilke overvejelser gør du dig? Hvilke muligheder ser du? Hvad oplever du som det væsentlige i forbindelse med det regenerative paradigmeskift?
2. Hvordan gør du din vilje klar til at omskabe? Hvordan træner du din vilje til at bevæge dig ind i grænselandet?
3. Hvordan gør du dig parat til at lade dig lede efter noget, der er større end dig selv? Hvordan styrker du din aktive tålmodighed og selvbeherskelse – således at tingene omkring dig kan komme til orde?
4. Hvordan anskueliggør du det kommende scenarie? Hvad ser du?
5. Hvordan hjælper du paradigmeskiftet til verden?
6. Hvad vil du satse på?

____

____

____

____

____

____

____

____

Det metodiske fundament: Part 1: Ordentlighed og redelighed

Vi lever i en tid, hvor apati, selvretfærdig vrede, kynisme, bitterhed og desperation samt ressentiment er dominerende. Hvor skuffelsen og raseriet, der beskylder skaberen, eller bare "verden" for at være skyld i vores egen afmagt, hersker.

Men dette må vi *vende* til en undren og skabelse. På én og samme tid må vi lade os overraske og samtidig fastholde en ærefrygt over for livet, dyrke det menneskelige indsigts- og forklaringsbegær i mildhedens skær; tro på at det er muligt at formgive det nye, at menneskets vilkår kan forvandles. Vi må huske at de begivenheder, som vi kan gribe ind i, også er dem vi har ansvaret for. Beskeden er klar.

Når vi virkelig forsøger herpå, bliver accepten af vores afmagt en selvfølgelighed, og vi må således lære at leve med at kunne praktisere at have den anden som (for)mål, og derved erkende grænsernes for vores magt.

Vi må med andre ord gribe aktivt ind i verden på vegne af selve den kommende begivenhed; det regenerative paradigmeskift. Ved at øve os i evnen til at forme livet i det godes billede, kan vi samtidig opøve evnen i at blive hændt af det gode. Dette indstifter en ordentlighed, der tjener til det fælles bedste.

Vi lever samtidig i en tid hvor hengivelsen til meningsløsheden gør sig markant gældende; en tid hvor fortvivlelse, håbløshed og grusomhed dominerer, og hvor det overfladiske, opgivende og utilregnelige fylder og præger ikke så få menneskers liv. Dette må vi imidlertid arbejde på at *vende* til en øget selvstændighedsfølelse eller myndighed, både i det bekræftende og i det kritiske aspekt.

Vi må med andre ord dyrke det alvorlige og det nøgterne håb. Vi må (gen)erhverve friheden ved at gribe ind i begivenhederne under den forudsætning, at det er os, der er med-skabere af dens mening. I sidste ende, som Kirkeby ynder at formulere det, at lade os blive betydningens gidsler.

Vi bliver med andre ord, ifølge Kirkeby, nødt til at give tilsagn og fri accept til det kommende, lade autonomiens holdning erfare det, der skænker sig selv: vogte den side af begivenhederne, som også kan tilintetgøre os, fordi det altid giver mening at handle, hvis man virkelig vil.

Vi må grundlæggende set lære at tænke med stemningerne, ikke størkne, altid være på vej, blive egnet til at fornemme de "indre værdier". Dette indstifter, ifølge Kirkeby, en redelighed, og et handlingsberedskab, en frigørelse og en sjælelig fred, hvis velbefindende muliggør en ny form for regenerativ strategi baseret i et refleksivt fristed af eksistentiel betydning. Lad os udforske dette nærmere.

Hvilke tanker bliver her vakt?

Skriv ned her:

____

____

____

På sporet af en regenerativ organisationsterapi og loyal selvbevidsthed

Når vi kigger nærmere ind i "Organisationsfilosofi" hører man straks at denne bog skal forstås som en "protreptik", dvs. som en (sam)tale, hvorigennem man forsøger at vinde et andet menneske for at skaffe indsigt og for at handle ud fra det gode. Protreptikken er, som det formuleres her, en opfordring til filosofi ud fra det perspektiv, at alene filosofien kan gøre mennesket lykkeligt.

Det gælder med andre ord, ifølge Kirkeby, om, at kunne fremhæve de vilkår, hvorunder der kan skabes et organisk samspil mellem fællesskab og ledelse:

Hvordan kan lederen blive en del af fællesskabet?

Med andre ord udgør bogen et vægtigt bud på en organisationsterapi, dvs. en aktivitet, der består i at vejlede en organisation til at kunne komme i balance. I forhold til 'det terapeutiske' skal det her forstås som i sit væsen værende en protreptik, som er underkastet det etiske perspektiv og samtidig fastholder forpligtelsen over for fællesskabet.

Det gælder med andre ord om at finde den vej der fører mod det gode og det sande, for så vidt den er rettet mod Det Andet, mod det ubetingede.

Herved bliver det til et spørgsmål om *ledelse på tærsklen*, hvor den vellykkede terapi er lig den sande protreptik, som skaber frihed. Stærke og centrale temaer slås an som fx forvandling, agtelse, selvet, loyalitet, opmærksomhed og kontemplation, m.m., og man hører her at filosofiens terapeutiske funktion består i på én gang at befri mennesket fra det, der hæmmer dets forståelse for, at kontemplation og *eudaimonia* (livslykken) udgør fuldendelsen af livet.[144]

Der sigtes således på at styrke mennesker til at sanse dét i livets situationer, som gør det muligt at trække det væsentlige ud af dem med henblik på virkeliggørelsen af den fælles moralske normativitet og dets fuldendelse som menneske.

Nærmere bestemt samler anliggendet sig om fire sociale dyder, der alle forenes gennem én dyd, nemlig *loyalitet*.[145]

Disse er:

1. *Billighed;* som udtrykker mildhed og sindsro samt at kunne dømme omsorgsfuldt og venligt, dvs. sigter på storsind og anstændighed.

2. *Tillid;* som kan være spontan, kodificeret eller realistisk, og som sigter på anerkendelse, venskab, selvomsorg, sårbarhed og velvilje.

3. *Ærlighed;* som kan være kodificeret eller ægte, og som sigter på ære, vished, samvittighed, og selvbeherskelse (jf. "sjælens samtale med sig selv").

4. *Opmærksomhedens habitus;* som udtrykker en etisk egenskab og intens følsomhed, der sigter på kontemplationen og den æstetiske (gen)fortryllelse.

Hermed en invitation til en mindre refleksions- (og dialog-) øvelse baseret i nedenstående matrice:

Sociale dyder/Kants tre maksimer	At tænke selv	At kunne sætte sig i enhver andens sted	Altid at tænke i overensstemmelse med sig selv
Billighed			
Tillid			
Ærlighed			
Opmærksomhedens habitus			

---

[144] Eudaimonia beskrives også som; "en salig hvilen i sig selv".
[145] Kommer tilbage til 'loyalitet' inden længe.

Gør dig følgende overvejelser i forbindelse med matricens 12
refleksionsrum:

- Når du tænker selv – billiger du så dig selv?
- Når du tænker selv – har du så tillid til dig selv (og det du tænker)?
- Når du tænker selv – tænker du så ærligt?
- Når du tænker selv – hvor har du så for vane at have din
  opmærksomhed?

____

____

____

- Når du sætter dig i en andens sted – billiger du som oftest dette
  sted?
- Når du sætter dig i en andens sted – er det så baseret i tillid til
  vedkommende?
- Når du sætter dig i en andens sted – foregår dette så ærligt?
- Når du sætter dig i en andens sted – hvor har du så for vane at have
  din opmærksomhed?

____

____

____

- Når du tænker i overensstemmelse med dig selv – billiger du så det,
  som du tænker?
- Når du tænker i overensstemmelse med dig selv – finder du så tillid
  til dig selv?
- Når du tænker i overensstemmelse med dig selv – oplever du så
  dette som ærligt?
- Når du tænker i overensstemmelse med dig selv – hvor har du så
  for vane at have din opmærksomhed henne?

____

____

____

Når den filosofiske praksis og terapi, i "Organisationsfilosofi", ifølge Kirkeby, får karakter af at være en mesterlære på grænsen, skyldes det, som det hedder, at grænseerfaringer er en nødvendighed for at organisationer kan blive til det *communitas*, der gør dem i stand til at overleve og sætte sig spor af en *humanitas* gennem forvandlingens ethos.

Her spiller filosofien en afgørende rolle, fordi den, ifølge Kirkeby, formår at åbne det dialogiske rum, den åbne tales rum, og holde det åbent som en våge – som en isfri havn.

Og det terapeutiske bliver herved, ifølge Kirkeby, i sin oprindelige udformning bundet til protreptikken, dvs. til de måder, hvorpå mennesker konfronteres med sig selv ud fra vished om egen svaghed, hvad angår viden og menneskelig integritet, og Kirkeby opfatter dette som udgangspunktet for en radikal forvandling, hvor, som det hedder, kun den leder, der har lært at tage sig af sig selv med det mål for øje, at finde sig som et selv, for alvor kan opfylde forpligtelsen om at lede.

Således gør vi os nu klar til en mindre regenerativ refleksions- og indre dialog-øvelse ud fra tesen om, som Kirkeby formulerer det, at dialoger både kan indfange og frisætte; det handler her med andre ord om at fatte omsorg for sig selv på en sådan måde, at denne selvomsorg sigter efter at finde den rette indre samtalepartner.

Hvilke tanker bliver her vakt?

Skriv ned her:

____

____

____

Ud fra nedenstående matrice skal du nu forholde dig til følgende overvejelser i forhold til det kommende regenerative paradigmeskift.

Gennemgå hver kvadrant punkt for punkt og skriv de væsentlige stikord ned i hver rubrik:

ØVELSE	Zetesis	Skepsis	Anagnosis	Akroasis
Overvejelser over forberedelser til det kommende regenerative paradigmeskift	Efterforsk sagens indhold: *Hvorfor er vi her? Hvad er det der skal gøres, og skal netop det gøres?*	Undersøg sagen til bunds - uden strategiske grænser for det kritiske blik: *Hvordan kan og bør det gøres?*	Udsæt sagen for en tilbundsgående fortolkning fra alle perspektiver - uden blokering af spørgsmål til legitimitet: *Hvem skal det, der skal gøres, gøres for?*	Alle kan lytte med - også ledelsen. Alle har derfor uindskrænket ret til at kræve svar: *Hvad vil resultatet blive på lang sigt?*
Fasthold forskellen mellem godt og ondt; se den i de enkelte situationer				
Hold fast på livets korthed				
Ransag samvittigheden				
Indse med vished at øjeblikket er den eneste dimension af tid, der findes				

____

____

____

____

____

____

____

Som afrunding på dette metodiske fundament: Part 1, vil jeg skitsere hovedpointerne omkring 'loyaliteten', nærmere bestemt, som, ifølge Kirkeby, udgør loyalitetens byggestene og dermed styrker fornemmelsen for steder.

Her er en væsentlige pointe, at loyalitet er en holdning, der som stemning kalder på os fra en plads i sindets og sprogets gamle by, og at den ægte loyalitet udgør en uselvisk sympati for det andet menneske. Kirkeby fremstiller på den baggrund følgende oversigt over selvbevidsthedens former, der knytter sig til loyalitets-kapaciteten:

Den regenerative loyalitet og selvbevidsthed

1. *Selverkendelsen,* vedrører at skabe frirum i sig selv, som muliggør at samvittighedens stemme kommer til orde
2. *Selvforglemmelsen,* vedrører den lidenskabelige omvending, hvor man opgiver selvkontrollen og via en nøgtern, symfonisk og dynamisk samklang satser nye veje på tærsklen og i grænselandet
3. *Selvbedraget,* vedrører en påmindelse om at selvledelse handler om at minimere bedrag og bevare en loyalitet over for sig selv
4. *Selvbekræftelsen,* sigter på at skabe mulighed for selv at udvikle sine arbejdsbetingelser
5. *Selvfølelsen,* vedrører den følelse man har af sit eget selv, nemlig oprigtighedens modus
6. *Selvagtelsen,* vedrører at tilstræbe at blive 'herre i eget hus', dvs. opretholde sig som et værdigt individ, uden dissonans, dvs. den specifikke urørligheds-zone i ens liv
7. *Selvbesindelsen,* vedrører at danne et billede af det gode menneske og af det gode liv – og blive til derefter.

Skriv nogle af dine tanker og selvbilleder herom ned i stikord, ud fra fx følgende spørgsmål: Hvad er samvittighedens ethos – hvad siger stemmerne?

____

____

____

____

Når det således drejer sig om at kultivere til regenerativ ordentlighed og bæredygtig redelighed vil nedenstående matrice udtrykke den indre og ydre træningsbane, hvorved og hvormed de seks lederdyder og de fire sociale dyder kan forme de syv selvbevidsthedsformer og omvendt som kryds-bestøvning, der gør det muligt at forberede sig på det kommende regenerative paradigmeskift, og blive til på et radikalt normativt grundlag i, nemlig på tærsklen.

Hermed kan du nu udforske den regenerative dydslæres forbindelser og prægning af selvforholdet og omvendt.

Giv dig god tid hertil, og skriv de væsentlige pointer ned i stikord:

Selvets dyder	Selv-erkendelse	Selv-forglemmelse	Selv-bedrag	Selv-bekræftelse	Selv-følelse	Selv-agtelse	Selv-besindelse
Mulighedssans							
Virkelighedssans							
Tålmodighed							
Foregribelse							
Fødselshjælper							
Varsomhed							
Billighed							
Tillid							
Ærlighed							
Opmærksomhed							

Hvilke tanker bliver her vakt?

Skriv ned her:

____

____

____

____

____

____

____

____

Det metodiske fundament: Part 2: Varsomhed og generøsitet

Vi lever i en tid, hvor magtvilje med den tilhørende egoisme er ekstremt dominerende, og hvor hensynsløshed på mange måder går hånd i hånd med selvtilstrækkelighed, og den ligeså navnkundige selvretfærdighed. Men dette må vi, ifølge Kirkeby, *vende* til kærlighed, både i form af eros – den lidenskabelige længsel, og agape, næstekærligheden.

Det drejer sig med andre ord om at åbne for den glødende opofrelse, og generøsitet – og ikke mindst solidaritet. Vi må opdyrke muligheden for at være på de andres side i den kommende begivenhed; det regenerative paradigmeskift. Det handler således om at finde mennesker, der deler ens livsfølelse.

Det gælder om at forme de kommende begivenheder, uden at gøre det for sin egen skyld, at stille sig modtagelig, og dermed åbne for et socialt rum, og dermed den kraft, som findes mellem os – at mærke frihedstrangen i de andres kroppe.

Vi må derfor, ifølge Kirkeby, træne viljen til at ville essensen i rummet og stedet i form af de andres frihed, indvillige i at blive de andres tilflugtssted, som et tomt lærred. At ville de andres frihed indstifter en varsomhed, som gør det muligt, at vi kan lade os blive brugt igen og igen.

Vi lever i en tid hvor ligegyldigheden og foragten præger vores samværelse, hvor vi ikke har mod til at dele eksistensen fælles kår. Hvor fortvivlelse og forbitrelse styrer og styrker den fornægtelse af, at andre kan have en indsigt, hvis menneskelige motiver er større end vores egne.

Dette må vi imidlertid arbejde på at *vende* til en taknemmelighed, hvor glæden og de tilhørende stemninger kan bringe lettelse, munterhed og spøgefuldhed, ja, ligefrem jubel. Det er her væsentligt at tro på et basalt menneskeligt fællesskab, fordi vi sammen må gøre verden værdig til den kommende begivenhed; det regenerative paradigmeskift.

Vi må skabe et tilflugtssted, som rummer uanede muligheder for en erfaring, der udvikler og styrker, ved at modtage de andre som en gave – både hvor der er underskud og hvor der er overflod. Vi må sammen påkalde en emotionel organisme og dyrke en organisk stemning, som kan holde hus med de andres frie tid – og derved lade os bebo af de fremmede gennem deres ældgamle kulturer og alt det, der er overgået dem.

Troen på en opfyldelse heraf indstifter hermed generøsitetens skønne u-timelighed. At finde fjendskabet i sig selv – og lade de andre handle på ens vegne.

På sporet af de regenerative kapaciteter – lederdyderne genbesøgt

Når vi kigger nærmere på "Det nye lederskab" bliver det klart at bogens anslag vedrører filosofi som en praksis, der kan og bør forme det fællesskab, som arbejdslivet indeholder, og at det nye lederskab udspringer af det vilkår, at lederen først virkelig kan være leder, når han/hun forstår sig på at være menneske.

Således spiller filosofien en magtfuld rolle, fordi den, ifølge Kirkeby, har understreget én afgørende distinktion, nemlig den mellem det, der er i vores magt, og det, der ikke er det. Lederen må på den baggrund blive en humanist, være kreativ og kunne leve for et ideal, og forvandle normativitet til praktisk virkelighed.

Grundlæggende set handler det begivenhedsfilosofiske grundlag for det regenerative lederskab således om lederens selvforhold, dvs. om at overvinde den krigstilstand som bebor vedkommende.

Herved udgør nogle hovedtemaer i bogen magt-forsoningen, frisættelsen, beskyttelsen, omsorgen, godheden og det sande lederskab, og stiller spørgsmålet:

Hvorfra kender vi det gode?

Hvilke tanker bliver her vakt?

Skriv ned her:

____

____

____

Det handler om at gøre det rigtige på det rigtige tidspunkt, om at lytte til samvittighedens røst, om at bevare den anden som en gåde, om generøsitet, at turde det umulige, mellemrummet og at åbne et frirum.

Nærmere bestemt opstiller Kirkeby tolv lederdyder, hvoraf nogle går igen fra de tidligere bøger.

Disse ser således ud:

De tolv store regenerative lederdyder

1. *At være fællesskabets tjener;* her handler det om at føre den enkelte til sig selv, hjælpe til selvhjælp, og drage omsorg
2. *Autonomi;* her handler det om etisk integritet, om at kunne stå distancen, og den indre harmoni
3. *Retskaffenhed;* her handler det om generøsitet, om billighed, ærlighed og tillid
4. *Konkret visdom,* her handler det om at være realist og nøgtern bærer af utopisk kraft
5. *Dømmekraften,* her handler det om fornemmelse, balance, mulighedssans, og den skabende vurdering, dvs. at kunne skabe alternativer
6. *Jordmoderkunst,* her handler det om den intelligente empati, om seriøsitet, lydhørhed, og dialogisk intensitet, dvs. varme og humor
7. *Fornemmelsen for det rette øjeblik og evnen til at gribe det,* her handler det om at kunne være rede til begivenheden, om standhaftighed og tålmod, og om fornemmelse for sted og atmosfære
8. *Indsigten med ét slag,* her handler det om at kunne gære brug af intuitionen
9. *Eufori,* her handler det om glæden ved det uundgåelige, om den virkelighedssans og poetiske sans, hvis generøsitet kan findes i billighed, ærlighed, tillid
10. *Formuleringsevnen,* her handler det om at meningen bliver handlet godt nok, om budskab og forståelse, om at være humanist
11. *At forstå organiseren,* her handler det at tjene dette flow, om kraften, og det nye, fornemmelsen som facilitator, vogter og beskytter af frirum
12. *Lederen må være den, der gør organisationens ånd håndgribelig, eksemplificering af en ethos,* her handler det om at gå forrest, og søge efter noget

Samlet set sigter disse tolv regenerative lederdyder på at blive et menneske, der kan tage sit liv på sig og vise sig værdig til begivenheden.

Kig dem godt igennem, og notér dig i stikord de væsentlige pointer omkring hvordan de kan tjene til dine forberedelser til det regenerative paradigmeskift:

Hvilke tanker bliver her vakt?

Skriv ned her:

____

____

____

____

____

____

____

For Kirkeby at se handler det om at den regenerative leder skal lade sig blive medium for artikulationen af en kraft, som vedkommende har medvirket til at sætte fri.

Med andre ord skal nedenstående matrice støtte til at gøre fællesskabet utopisk, dvs. gøre klar til de regenerative omstillinger:

Indledende tiltag til den regenerative indsats og omstilling...	Hvad er *fortællingen* herom – og hvordan kan den lyde?	Hvad udgør *nærværet* heraf – og hvordan kan det være?	Hvad er *friheden* hertil – og hvordan kan den blive?
Hvad gør vi?			
Hvorfor skal vi gøre det?			
Hvordan gør vi det?			
Hvem skal gøre det (og hvorfor)?			
Hvordan måler vi, om vi har gjort det godt nok?			

Gennemgå de 15 rubrikker nøje, både alene og med en kollega, og nedskriv en skitseplan i stikord:

Hvilke tanker bliver her vakt?

Skriv ned her:

____

____

____

____

____

____

____

____

I forhold til – og i forlængelse af – ovenstående skitser til en handle- og implementeringsplan udgør nedenstående de normative overvejelser og grundlag i samklang med de kreative kapaciteter i en regenerativ proces.

Kig den godt igennem og undersøg via nedenstående arbejdsspørgsmål, hvordan initiativerne og overvejelserne knytter an til det Kirkeby omtaler som de fem grundværdier i den vestlige kultur (horisontale akse), den "græske firkant" (med friheden i midten) og de seks kreative kapaciteter (den vertikale akse) i forhold til hvem og hvad der er at gøre godt med i den organisatoriske kompetence- og færdighedspulje:

	Godheden	Retfærdighed	Skønhed	Sandhed	Frihed
Skarpsind *Den klare tanke*					
Suverænitet *Naturbegavelse*					
Ideation *Præcise visioner*					
Omtanke *Samhjertethed*					
Improvisation *Overgivelse*					
Modtagelighed *Åben undren*					

Gennem arbejdet med de i alt 30 rubrikker og refleksionsrum kan følgende spørgsmål være behjælpelige – først på den horisontale akse:

1. Hvad er vores begreb om den regenerative godhed og etik; hvad er det gode som de regenerative processer skal føre med sig – hvorfor er de ordentligt at gøre?
2. Hvad er vores begreb om regenerative retfærdighed og politik; hvordan kan disse processer styrke balance og lige fordeling af goderne – hvis de skal det?
3. Hvad er vores begreb om den regenerative skønhed og æstetik; hvordan styrker disse processer oplevelsen af det smukke og øger sensitiviteten – hvis de skal det?
4. Hvad er vores begreb om den regenerative sandhed og rigtighed; hvordan forstår vi disse initiativer som det rigtige at gøre – hvad er sandhedsværdien her?
5. Hvad er vores begreb om den regenerative frihed; hvordan frisætter disse regenerative processer os mere – hvis de skal det?

Notér de væsentlige pointer her:

Hvilke tanker bliver her vakt?

____

____

____

____

____

____

____

____

Efter overvejelserne omkring de værdimæssige grundlag for det regenerative paradigmeskift, og i det kommende paradigme, sigtes der nu på nogle refleksioner omkring færdigheds-niveauerne – jf. de seks kreative kapaciteter på den vertikale akse.

Hermed nogle spørgsmål at gå i gang med:

1. Hvad er vores klare tanke omkring 'det regenerative'?
2. Hvem har talent herfor?
3. Hvad er vores præcise vision – hvordan skal det se ud, når vi har lykkes i at omstille os til det regenerative paradigme?
4. Hvad skal vi særligt holde øje med i processen; drage omsorg for – og med henblik på?
5. Hvordan overgiver vi os bedst til de aspekter i processerne, som vi alligevel hverken kan styre eller kontrollere?
6. Hvordan stiller vi os bedst muligt åbne for det kommende – dvs. lader os blive til af det vigtige?

Notér de væsentlige pointer her:

Hvilke tanker bliver her vakt?

____

____

____

____

____

____

____

____

Går derpå på opdagelse – sammen og hver for sig – i krydsningerne mellem den horisontale akse (værdi-planet) og den vertikale akse (færdigheds-planet) – og skitsér pointer fra disse refleksioner og dialoger her:

Hvilke tanker bliver her vakt?

Skriv ned her:

____

____

____

Husk på, som Kirkeby formulerer det i sine tekster om lederen som menneske, at vi er på vej mod nye indstillinger til liv og lederskab, hvor de åndelige, eksistentielle og humanistiske kriterier på at ære og være globale borgere også rækker længere end til den specifikke organisatoriske dagsorden og ledelsesmæssige praksis.

Magten, opmærksomheden, friheden og autenticiteten handler i sidste ende om naturen, de levende økosystemer og vores kommende generationer. Vi er i gang med at fostre det regenerative sind, hvor varsomhed og generøsitet er helt fundamentale – og afgørende.

Det metodiske fundament: Part 3: Opmærksomhed og anstændighed

Vi lever i en tid, hvor foregribelser af et kommende paradigmeskift sker gennem fordommenes reaktive mønstergenkendelser, dels gennem ubegrundede forbehold, og dels gennem mistænksomhedens grimasser. Hele den selvgode refleksion synes hermed at udmatte menneskernes ellers så "skarpe blik".

Men dette må vi *vende* til en opmærksomhed, hvor vi søger uden netop at foregribe. Gennem et positivt beredskab, hvor den mentale baggrund snarere sker gennem udviklingen af en form for "ikke-villen", kan vi herved afstå fra at ville, således at beslutningerne og implementeringerne kan udøves midt i paradigmeskiftets hvirvler.

Det gælder med andre ord om at skabe en ledelses- og (livs)stil, hvis alternative erfaringsrum baseres i en evne til at afvente, hvilket således kalder på en grundstemning, der overskrider det strategiske. Vi bliver nødt til at vente noget længere på os selv, for den vej rundt at lære noget mere om den kommende begivenhed.

Herved bruger vi ikke den anden til at bekræfte vores egen viden, men vi lærer noget af den anden om os selv, som vi endnu ikke ved. Herved får vi skabt en "opmærksomhedens rotation", som både drejer sig om os selv, den anden, de andre og de mange forbindelseslinjer – samt ikke mindst (meta)opmærksomheden herpå.

Vi lever i en tid hvor frygten dominerer vores sociale liv, hvor ængstelsen er stærkt stigende, og hvor ligefrem rædslen flytter ind i os på en sådan måde, at vi synes at have opgivet på forhånd. Når vi således lader de negative grundstemninger florere og gro i og omkring os stortrives ikke mindst forfængeligheden.

Men også fejheden får gode kår. Dette må vi imidlertid arbejde på at *vende* til et mod og en kampvilje, hvilket både kalder på selvovervindelsen og kræver en større (selv)indsigt i offerberedskabet. Med andre ord drejer det sig her om at dyrke og pleje vores eminente og mulige uselviskhed – uden at dette giver køb på entusiasmen.

Kort sagt; vi kan kun berede os på det kommende paradigmeskift gennem at sørge for at vores handlekraft ikke handler om os selv.

Vi må "udføre værket" på en anstændig måde gennem en vilje til at have magten til låns, hvilket udelukkende kan ske ved at blive en anonym del af de kommende processer, der er viet til en normativ fuldendelse.

Vi må modtage os selv, og påtage os de roller som det kommende paradigmeskift giver og pålægger os – gennem herved at blive til en Anden.

På sporet af de regenerative begivenheder og det dialogiske beredskab

Når vi kigger nærmere i Kirkebys bog: "Begivenhedsledelse og handlekraft" skinner følgende i øjnene, nemlig dels det forhold at Eventum udgør begivenheder som altid konfronterer os med det skelsættende, dvs. med afgørelsen – øjeblikket. Og at begivenheder herved indtræffer som pauser, passager, plamager, som en tom arena, som vi, ifølge Kirkeby, må vise os værdige til.

Vi skal med andre ord gå overvindelsens og forsoningens vej, hvor handlekraften tilskriver det faktum at skabe, forme, forandre, og forvandle det, der sker.

I dette spil bestemmer filosofien, ifølge Kirkeby, en tænkemåde, en livsindstilling (værdier), et normativt beredskab, hvis hovedopgave det er at skabe et rum for refleksion, som gør det muligt at forholde os til vores eget eksistensparadigme.

Nærmere bestemt handler den specifikke filosofi, her benævnt som protreptik, om, at vende det enkelte menneske mod det, der betyder noget i dets liv, og for dets liv. Den protreptiske dialog er, som Kirkeby formulerer det, at tilskynde den enkelte til at konfrontere sin eksistens gennem filosofien.

Således består begivenhedsledelse i tre grundprincipper, nemlig den praktiske klogskab, den strategiske kapacitet og den retoriske teknik, hvilket vil vise sig at være vigtige i de regenerative omstillingsprocesser.

Bogen kredser således om betydning, ethos, selvbeherskelse, mod, troen på sig selv, viljen, kontrollen og ikke mindst værdigheden, men specielt protreptikken, der her tilstræbes at danne det dialogiske grundlag for de regenerative processer, vedrører en kunst, som består i at vende et menneske mod det væsentlige i dets liv, som et program for lederudvikling.

Når det hedder, at protreptikken handler om muligheden for at bevidstgøre sine egne værdier og holdninger, om at kunne komme bag om sin egen opmærksomhedspraksis og sin erfaringsstil og kunne italesætte sine grundstemninger og grundindstillinger, sigtes der her nærmere bestemt på at kunne lade sig virkeliggøre gennem eventualerne, dvs., ifølge Kirkeby, at kunne leve ud fra *heteroenticiteten*; "det at findes på den andens vilkår", dvs. at virkeliggøre den anden.

Her nævnes derfor tre måder at skabe dialogens frie rum på, nemlig;

1) at lede sig selv i dialogen med andre (lære at lytte)
2) at lære evnen til at læse begivenheder
3) at lære evnen til lyttende at omskabe den anden – og sig selv.

Derefter fremstilles eventualerne som grundstemninger ud fra tre maksimer, nemlig;

1) At vise sig værdig til begivenhederne
2) at bevare begivenhedernes hemmelighed
3) at gøre verden rede til begivenhederne.

Disse knytter an til de 6 eventualer, der, som praksiszoner, forholdemåder og stemningsberedskab grundlæggende set tjener til at den regenerative ethos bliver til.

Disse er:

1. *Heterotelos*; ordentlighed
2. *Synkatathesis*; redelighed
3. *Lepsis*; varsom formningsvilje
4. *Katafygé*; fristed
5. *Prosoché*; opmærksomhed
6. *Ergon*; anstændighed.

Den regenerative leder skal kunne gøre sig fortrolig hermed og lade disse danne grundlag for den regenerative omstillingsproces.

Hermed en besindelsespause:

Besindelses-pause	HETEROTELOS *Ordentlighed* Evnen til at forme sit liv i det godes billede, vove at flytte sine grænser...	SYNKATATHESIS *Redelighed* At give tilsagn, fri accept, åben indstilling, holde meningens rum åben	LEPSIS *Varsomhed* At ville essensen, og de andres frihed; søge ind mod midtens centrum	KATAFYGÉ *Modtagelighed* Generøsitet, tilflugtssted, fristed, dyrke evnen til at udsætte	PROSOCHÉ *Opmærksomhed* At blive hændt af det gode, at (under)søge uden at foregribe – med åbent sind	ERGON *Anstændighed* At fuldføre, vise sig værdig til magten, tjene og forlade sit værk, overgive det til en anden
LOGOS; hvordan tænkes & menes der...						
PATOS; hvordan mærkes & betydes der...						
ETOS; hvordan flugtes & skes der...						

For at tilegne sig disse betydningsbærere i den regenerative praksis og dertil knyttede proces samt prægning heraf, kan man starte med at overveje følgende spørgsmål – som bevæger sig rundt i overstående rubrikker (undersøg hvilke rubrikker i ovenstående matrice som der sigtes til):

1. Hvordan giver det mening at vove at flytte sine grænser i regenerative processer?
2. Hvordan mærkes det at søge ind mod midtens centrum i regenerative processer?
3. Hvad sker der, når man dyrker evnen til at udsætte i regenerative processer?
4. Hvordan tænker et åbent sind i de regenerative processer?
5. Hvad betyder det at vise sig værdig til magten i regenerative processer?
6. Hvordan flugter man den frie accept i regenerative processer?

Skriv de steder ned som du kan se krydser hinanden i ovenstående matrice – og notér dig dine tanker herom i stikord her:

Hvilke tanker bliver her vakt?

Skriv ned her:

____

____

____

Formulér derpå 3-5 spørgsmål ud fra ovenstående matrice – og reflektér herover:

____

____

____

____

____

____

____

____

Som afslutning på dette afsnit (og bind 2) vil jeg tilbyde en matrice, hvor de seks eventualer, og dermed de ledelsesmæssige grundstemninger som kan bære os videre gennem de regenerative omstillinger, krydses med de tolv regenerative lederdyder, som anslået i det ovenstående inden for det begivenhedsfilosofiske univers.

Giv dig her god tid til at finde frem til hvordan de gensidigt kan befrugte hinanden (horisontale akse og vertikale akse), gå evt. tilbage og læs dem igen i det ovenstående, og ikke mindst hvordan du kan tilegne dig dem som leder og menneske i forhold til at forberede dig på det kommende regenerative paradigmeskift, og som væsentlig pejlemærker til at bære dig og fællesskabet gennem de fremtidige omvæltningsprocesser.

Ud af disse 72 nedenstående kvadranter kan man hurtigt indse et ganske grundigt træningsprogram gennem hvilket både ledere og organisatoriske kulturer kan formå at styrke den begivenhedsfilosofiske ethos med henblik på at varetage de regenerative bevægelser og paradigmeskift.

Fx kan man udforske graden af varsomhed i forhold til at være fællesskabets tjener, fornemmelsen for det rette øjeblik eller formuleringsevnen.

Eller man kan dyrke forholdet mellem indsigten med ét slag, dømmekraften eller jordmoderkunsten via redeligheden, og endelig kan man opøve evnen til opmærksomhed i forhold til den konkrete visdom, at forstå organiseren og autonomien.

De 12 lederdyder og de 6 grundstemninger	HETEROTELOS Ordentlighed	SYNKATATHESIS Redelighed	LEPSIS Varsomhed	KATAFYGÉ Modtagelighed	PROSOCHÉ Opmærksomhed	ERGON Anstændighed
Fællesskabets tjener						
Autonomi						
Retskaffenhed						
Konkret visdom						
Dømmekraft						
Jordmoderkunst						
Fornemmelsen for det rette øjeblik						
Indsigten med ét slag						
Eufori						
Formuleringsevne						
At forstå organiseren						
Eksemplificering af en ethos						

Men disse er blot nogle eksempler blandt mange forskellige kombinationer, hvorom det gælder som helhed betragtet at gøre sig værdige til de kommende begivenheder i den regenerative æra.

Hvilke tanker bliver her vakt?

Skriv ned her:

____

____

____

____

____

Et sidste spørgsmål kunne være:

Hvordan vil og kan du eksemplificere anstændighedens ethos i dit regenerative lederskab?

____

____

____